31880338R00068

Made in the USA
Lexington, KY
29 April 2014

سَهْلَوَيْهِ ٢

قصص متدرجة للأجانب المبتدئين
المستوى الثاني
(٤٥٠ كلمة)

الكاتب: أحمد خورشيد

Copyright © 2009 Ahmed H. Khorshid
All rights reserved.

ISBN: 1448628504
ISBN-13: 978-1448628506

قائمة المحتويات

المقدمة

هذه سلسلة من القصص السهلة للأجانب المبتدئين والمتوسطين الذين يتعلمون اللغة العربية الفصحى الحديثة، وهي أول سلسلة من القصص المتدرجة للكبار باللغة العربية. هذه القصص سهلة لسببين:
أولًا: لأن الكلمات والتراكيب الجديدة في كل قصة قليلة.
ثانيًا: لأن الكلمات والتراكيب تتكرر كثيرًا،
ولكن يجب على الطالب أن يقرأها بالترتيب لأن كل قصة مبنية على القصص التي قبلها. الكلمات الجديدة في كل قصة مكتوبة باللون الأسود الداكن بداية من القصة الثانية. عدد القصص أربع وعشرون قصة في ستة مستويات، يعني هناك أربع قصص في كل مستوى. يبدأ الطالب في قراءة أول قصة بعد سنة من الدراسة.

المستوى	عدد الكلمات	القواعد
الأول	٣٥٠	الفعل المضارع
الثاني	٤٥٠	الفعل الماضي والمصدر
الثالث	٥٥٠	نفي الماضي واسم التفضيل
الرابع	٦٥٠	الحال والمفعول المطلق
الخامس	٧٥٠	فَعَّلَ، أفْعَلَ، ما أفعل! لابد أنْ/أنَّ
السادس	٨٥٠	اسم الفاعل واسم المفعول، المفعول لأجله

الكاتب: أحمد خورشيد، حاصل على ماجستير في تدريس اللغة العربية كلغة أجنبية من الجامعة الأمريكية بالقاهرة. درّس العربية أكثر من ٢٥ سنة، بالجامعة الأمريكية بالقاهرة، وبجامعة زايد، وبجامعة قطر، وبمعهد هدايت بالمعادي، وبمدارس نُوهورايزن بكاليفورنيا. من أعماله:
١- سَهْلَوَيْه في قواعد العربية للأجانب
٢- سَهْلَوَيْه: ٢٤ قصة متدرجة للأجانب المبتدئين والمتوسطين
٣- هيا نتكلمْ معًا: ٣٤ قصة متدرجة للأطفال (منهج مدارس نُوهورايزن بكاليفورنيا). khorshid@aucegypt.edu

أحمد خورشيد
يوليو ٢٠٠٩

الإهداء

إلى الحبيبة بنت الحبيب... إلى من ملأ حبها قلوب عشاقها من أهلها وغير أهلها... إلى من رطبت الألسنة بعذوبتها، وأطربت القلوب بأنغامها، وجذبت الأرواح بسحرها... هذا جهد بسيط، بل هو مهرك، لعله يقربك من أبنائك، ويضيف بعض المتعة واليسر لمن يحاول أن يخطب ودك من غير أبنائك. وعلى الله قصد السبيل.

تراكيب السلسلة

المستوى الأول:

المضارع، الضمائر المتصلة، الضمائر المنفصلة، الإضافة، لا النافية، لا النافية للجنس، لا الناهية، النسبة، الاسم الموصول(الذي، إلخ)، سوف، لأن، ليس، عند، يستطيع/ يحب / يريد / يمكن (+اسم أو مصدر مؤول من أنْ والفعل)، هناك، له، المثنى، الأمر.

المستوى الثاني:

الماضي، نفي المضارع (لن)، يريد/ يحب/ يستطيع/ يمكن/ يجب/ قبل/ بعد + المصدر، عندما، أصبح، التعليل (لكي، لذلك، بسبب).

المستوى الثالث:

نفي الماضي (لم...قط)، لن أبدًا، لا مطلقًا، أفعل التفضيل، همزة الاستفهام، فـ، منذ، ما الموصولة.

المستوى الرابع:

الحال، المفعول المطلق، المقارنة بين متساويين، من أجل، تأخير اسم الإشارة، بعض المترادفات.

المستوى الخامس:

الأوزان I، II ، IV، ما أفعل، لابد أنْ/ أنَّ.

المستوى السادس:

اسم الفاعل واسم المفعول، المفعول لأجله

القصة الأولى (٣٠٣ كلمة)

رحلـة إلى الحياة الأخرى

هناك شاب ألماني اسمه كارل يعيش في مدينة ميونيخ الألمانية. يعمل في **مصنع أخشاب**. هذا المصنع يشتري الخشب من **داخل** ألمانيا ومن **خارجـها**، ويصنع أشياءَ كثيرة من الخشب، ثم يبيعها في كل مكان؛ يصنع الكراسيّ و**الطاولات** والسُرُر و**الخـزائن** وأشياء أخرى. كارل يعمل كثيرًا، يعمل ليلًا ونهارًا لأنه يحب العمل وأيضًا **لكي يحصلَ** على نقود لكي يتزوجَ. أبو كارل ليس غنيًا. لذلك لا يستطيع **مساعدتَه**.

****

وهناك شابة ألمانية اسمها كارلا تعمل في المصنع نفسِهِ وتدرس في الجامعة في نفس الوقت. لذلك لا تستطيع العمل كثيرًا مثلَ كارل. تعمل في المصنع نهارًا وتدرس في الجامعة **مساءً**. كارلا تحب كارل وتريد الزواج به، ولكنها لا تستطيع لأنها **فقيرة** مثلَهُ. تقول له دائمًا: غدًا إن شاء الله سوف **نصبح** أغنياء. سوف يكون لنا أبناء وبنات. سوف نحب أولادنا جدًا. سوف نسافر ونزور بلادًا كثيرة. في يومٍ منَ الأيام قال لها كارل:

- يمكنكِ البحثُ عن زوج آخر لأني فقير و**لن** أستطيعَ الزواجَ بك قريبًا بسبب فقري.
- مـا هذا الكلام العجيب؟! أنا أحبك و**يجب** عليَّ الانتظارُ إلى أنْ تحصل على النقود.

• أنتِ دائمًا تقولين هذا الكلام، ولكني أعمل ليلًا ونهارًا، ولا أستطيع العمل أكثرَ من ذلك. لن نستطيعَ الزواجَ بدونِ نقود. أين نعيش وأين يعيش أولادنا؟ ليس عندنا بيت كبير.

- هل معنى كلامك أنك لا تحبني؟

• بلى، أحبك طبعًا. ولكني لا أريدك أن تنتظري طويلًا.

- لا مشكلة. أنت تعمل وأنا أدرس، وسوف يكون عندنا نقود كثيرة، إن شاء الله.

****

بعد سنوات أصبح كارل غنيًا. اشترى بيتًا جديدًا وسيارة جديدة وأراد شراء مصنع الأخشاب الذي يعمل فيه هو وكارلا. كارلا سألته:

• من أين كل هذه النقود؟

- أنا أعمل كثيرًا وهذه نقودي.

• من المستحيل حصولُك على كل هذه النقود في هذا الوقت القصير. هل نزلت عليك من **السماء**؟

- طبعًا لا، السماء لا **تُمطر** ذهبًا.

• هل **سرقت** مصرِفًا بالليل (تضحك)؟

- بل مصرِفَين (هو أيضًا يضحك).

- هل مات قريب لك غني في بلاد الواق واق؟ أم أعطاك نقوده قبل الموت؟

- أقاربي كلهم أغنياء والحمد لله إلا أنا، ولكنهم ليسوا مجانين. لا أحد يريد إعطائي كلَ هذه النقود، لا داخل بلاد الواق واق ولا خارجها.

- هل وجدت كَنز علي بابا في أي مكان؟

- نعم. كيف عرفتِ هذا؟.

طبعًا هي لا تفهم ولا تريد الفَهْم. هي سعيدة لأنها سوف تتزوج قريبًا **الشخص** الذي تحبه. لن تعيشَ فقيرة بعد اليوم.

****

وفعلًا تزوجا وبعد سنوات أصبح كارل أبًا وأصبحت كارلا أمًا. كارل هو مدير المصنع. كارلا تعمل في البيت فقط. هي دائمًا مشغولة بعمل البيت ومع أولادها. لذلك لا تريد العمل خارجه ولا تستطيع ذلك. اشترى كارل مصانعَ كثيرة في أماكنَ مختلفة. بعد سنوات أصبح كارل كبيرًا في السن. طبعًا لا يستطيع العمل كثيرًا بسبب سنِهِ. لا يستطيع إدارة كل مصانعه. كتب المصانع كلها باسم زوجته وأولاده إلا مصنعًا واحدًا. الآن عنده مصنع واحد فقط ونقود كثيرة في المصرِف. كارل يحب

السفر، ولذلك يسافر كثيرًا، ويعطي الفقراء نقودًا كثيرة. الآن ليس عنده نقود في المصرِف. باع مصنعه وأعطى الفقراء. بعد وقت قصير لا يصبح عنده نقود. لذلك لا يستطيع السفرَ، بل لا يستطيع العيش جيدًا. ليس عنده إلا ملابسه. **طلب** من زوجته إعطاءَه مصنعًا من مصانعها. زوجته قالت له:

- هل تريد مصنعًا لكي تبيعَه وتعطيَ نقوده الفقراء؟ طبعًا هذا مستحيل. لن أعطيَك أي مصنع. يمكنني إعطاؤك بعضَ الكراسيّ والطاولات فقط.

- أنت زوجتي وأنا زوجك. أنا أحبك وأنت تحبينني. لماذا لا تعطينني الذي أطلبه منك؟

- نعم، أحبك، ولكني أحب مصانعي ونقودي أيضًا.

- سوف أعمل وأعطيك نقودك.

- أنت الآن كبير في السن ولا يمكنك العمل.

- عمِلت ليلًا ونهارًا **عندما** كنت شابًا.

- وأنا أيضًا عملت كثيرًا قبل الزواج وبعده.

****

كارل يفهم أنه لا يستطيع أخْذ أي شـيء منها، ولكنـه لا يفهم سبب ذلك. لذلك **تركـ**ها وذهب إلى أولاده واحدًا واحدًا. كل واحد منهم قال له الكلام

١٣

نفسه. كارل حزين جدًا بسبب ذلك ولا يدري ماذا يفعل. أعطى أولادَه وزوجته كل شيء وهم لا يريدون إعطاءه أي شيء. فكر كثيرًا. لا يستطيع النوم بسبب التفكير. لا يستطيع الأكل لأنه حزين. في يومٍ منَ الأيام قال: سوف **أقتُل** نفسي. سوف **أنتَحِر**. فكر كثيرًا. كيف يقتل نفسه؟ كيف ينتحر؟ هو خائف قليلًا، بل خائف جدًا. هل الموت سهل أم صعب؟ ماذا بعد الموت؟ هل يكون سعيدًا؟ هل هناك حياة أخرى بعد الموت؟ لا يستطيع معرفة أي شيء عن ذلك قبل الموت طبعًا. سوف يعرف كل شيء قريبًا. بعد تفكير طويل قال لنفسه: عندي فكرة جيدة. غدًا سوف أنتحر بالسُمّ. هذه **طريقة** سهلة وسريعة. وفي اليومِ التالي ذهب إلى دكان لكي يشتريَ السُمّ:

- السلامُ عليكم.

- وعليكمُ السلام.

- من فضلِك أريد **سمًا** للكلاب والقطط.

- ليس هناك سم للقطط في أي مكان. كل الحيوانات تموت بالسم إلا القطط.

- أعطِني سمًا للكلاب.

- لماذا؟ ربما لا تحب الكلاب؟

- بلى، ولكن هناك كلب يأتي من الشارع ويدخل بيتي دائمًا لكي يأكلَ طعامي ويجري وراء أولادي. هم يخافون منه. لذلك أريد أن أقتله.

- هذا سبب جيد لقتل ذلك الكلب. سوف أعطيك قطعة من السم، ولكن لا تتركْها **أمام** الأطفال. الطفل الذي يأكلها يصبح مريضًا.

- يصبح مريضًا فقط أم يموت؟

- هل تريد أن تقتل كلبًا أم طفلًا؟

كارل لا يدري ماذا يجب عليه قولُه. أحيانًا لا يستطيع التفكير بسرعة. وصاحب الدكان خائف. يفكر، هل هذا الرجل مجنون أم يريد قتل طفل؟ ماذا يجب عليه فعلُه الآن؟ هل يمكنه بيع السم لهذا الرجل أم لا؟

- طبعًا لا أريد قتل طفل. لا أريد قتل أحد. أسأل لكي أعرفَ فقط. من فضلِك أعطِني قطعة سم كبيرة لأن ذلك الكلب كبير **كـ**الحمار.

قطعة كبيرة؟ صاحب الدكان خائف جدًا. فكر ووصل إلى فكرة جيدة. قال لكارل:

- سوف أعطيك قطعة من السم تقتل جملًا. انتظر من فضلِك.

دخل غرفة صغيرة في دكانه لكي يُحضرَ السم. بعد وقت قصير رجع ثم أعطى كارل السم وقال له: هذه القطعة دونَ نقود. قال له شكرًا **جزيلًا**، وخرج من الدكان بسرعة. رجع كارل إلى بيته سعيدًا. أكل بعض الطعام وشرب الشاي ثم كتب رسالة لزوجته وأولاده:

زوجتي الحبيبة وأولادي الأحبّاء:

عندما تقرأون هذه الرسالة سوف أكون **قد** مِتُّ ولن ترَوني بعد اليوم. أنا حزين جدًا، ولا أستطيع العيش بعد الآن. أعطيتكم كثيرًا عندما كنت شـابًا، وعندما أصبحت كبير السن تركتموني **وحدي** فقيرًا دون نقود ودون أي مصنع. لذلك سوف أترك لكم هذه الحياة وأموت. ربما أجد حياة مختلفة. ربما أكون سعيدًا هناك. ربما أعيش مع ناس فقراء مثلي. أنا أحبكم. مع السلامة.

بعد ذلك أكل قطعة السم كلها ثم نام على سريره.

****

في اليومِ التالي استيقظ سعيدًا. زوجته تكلمه يضحك. أولاده يكلمونـه يضحك. أي شخص يكلمه يضحك **بصوت** عجيب! زوجته لا تفهم ماذا يحدث، وأولاده لا يفهمون سبب ضَحِكِهِ. لا أحد يستطيع فهم الذي يحدث

له. في اليوم الذي بعده حدث نفس الشيء. في اليوم الثالث حدث الشيء نفسه. بعد ثلاثة أيام فهم كارل أن الذي أكله ليس سمًا. صاحب الدكان أعطاه شيئًا آخر لأنه فهم أنه يريد قتل شخص لا كلب. لذلك أعطاه هذه القطعة بدون نقود. كارل حزين لأنه لا يستطيع الانتحار بالسم. يجب عليه التفكير في طريقة أخرى.

****

بعد أيام وجد فكرة جديدة. قال لنفسه: سوف **أقفز** في البحر، ولكن كيف يقتل نفسه بالقفز في البحر؟ إنه يسبح جيدًا. لن يموتَ بهذه الطريقة. ربما يجب عليه ركوب مركَب أو سفينة والذَهاب بعيدًا في البحر. نحن الآن في **الشتاء** والماء بارد جدًا وهو لا يحب الماء البارد. قال ربما يجب عليَّ الانتظار إلى الصيف، ولكنه لا يستطيع الانتظار. في يومٍ من الأيام كتب رسالة أخرى لزوجته وأولاده وتركها لهم على إحدى الطاولات في البيت وركب مركَبا كبيرًا وذهب بعيدًا في البحر. المركَب ليس سريعًا. بعد ساعة قفز من المركَب. الماء بارد جدًا، ولكنه سعيد لأنه سوف يموت. لا، لن يموتَ. رآه عامل من العُمَّال الذين يعملون في المركَب. قفز وراءَه و**أمسَك به** ووضعه في مركَب صغير وراءَ المركَب الكبير. طبعًا كان كارل غاضبًا جدًا:

- من فضلِك اُتركْني.

- اِركب هذا المركَب الصغير.
- لا أريد ركوب أي مركَب.
- سوف تموت.
- لا مشكلة. أنا أريد الموت.
- هل أنت مجنون؟
- بل المجنون هو الذي يحب هذه الحياة.
- لماذا؟ الحياة جميلة ويمكنك أن تكون سعيدًا فيها.
- عندي مشاكلُ صعبة. أنت ليس عندك مشاكل.
- بلى، كل الناس عندهم مشكلات، ولكنهم لا يريدون الموت بسبب تلك المشكلات.
- لأنهم لا يدرون ماذا بعد الموت.
- وأنت؟ هل تدري ماذا بعده؟
- طبعًا لا، هذه أول مرة أنتحر. أُتركني وسوف أعرف الآن.
- هل عندك تأشيرة وتذكِرة للحياة الأخرى؟
- سوف أذهب إلى سفارة الحياة الأخرى لكي أحصلَ على التأشيرة، ثم أشتري التذكِرة من **الشيطان**. أنت تسأل أسئلة عجيبة! أنت شخص عجيب!
- نحن الآن في الشتاء والماء بارد جدًا. انتظر إلى الصيف.

- لا، لن أنتظرَ. **تعالَ** أنت معي. تعال نسبحْ بعيدًا عن المركَب وسوف نموت معًا. لا يمكن أن نعرف معنى السعادة إلا عندما نموت.

- هذا مستحيل. لا أريد معرفة هذه السعادة التي تتكلم عنها. أنا لست مجنونًا. أنا متزوج وأحب زوجتي ولي ولد وبنت جميلان. أنا أحبهم جدًا. لا أريد تركَهم وحدَهم.

- أُترُكْني أمُتْ وحدي.

العامل لا يتركه. بعض العمال الآخرين نزلوا على سُلَّم وأمسكوا بكارل أيضًا. كارل لا يستطيع الذَهاب. أخذوا كارل مرة أخرى إلى المركَب الكبير وأعطَوه ملابس جديدة وشايًا حارًا. كارل متعب جدًا. بعد شرب الشاي نام بسبب التعب في غرفة أحد العمال. العمال لا يتركونه وحده.

****

بعد ساعتين وصل المركَب إلى **شاطئ** المدينة الأخرى. نزل كارل. قال له العمال: مع السلامة. لا تنتحر. الحياة جميلة. زوجتك وأولادك ينتظرونك. لا تتركهم وحدهم. صاحب المركَب قال له: زُرْنا مرة أخرى. قال لهم: نعم، سوف أزوركم قريبًا، إن شاء الله. شكرًا جزيلًا لكم

كلِكم. نعم، الحياة جميلة، ولكنه قال لنفسه: يجب علي التفكير في طريقة جديدة للانتحار.

****

بعد أيام قال لنفسه: سوف أقفز من **فوقِ مبنىً عالٍ**. لن يمسكَ بي أحد هذه المرة. وفعلًا ذهب إلى مبنىً عالٍ وقال لنفسه: هذه طريقة جيدة للموت. هذه المرة لا يترك أي رسالة لزوجته وأولاده لأنه لا يدري هل يموت أم لا. وقف على كرسيّ لكي يقفزَ. الناس الذين رأَوه قالوا له:

- اِنزل من فوق الكرسي. سوف تقع.

- لا أريد النزول من فوق الكرسي. أريد الوقوع.

- المبنى..........عالٍ............ وسوف ......

قبل قولِهِم أي شيء كان كارل قد قفز. الطريق من فوق المبنى إلى الأرض طويل جدًا. كارل لا يصل إلى الأرض بسرعة. يفكر. هذه المرة سوف يموت فعلًا لأن لا أحد يستطيع الإمساك به في **الهواء**. سوف تكون كارلا وأولاده حَزانَى، ولكنه سوف يكون سعيدًا. ما هذا؟ حدثت مفاجأة. وقع على سيارة **قُمامة**. السيارة بها قمامة وورق كثير. كارل لا يموت. العُمَّال الذين يأخذون القمامة سمعوا صوتًا عجيبًا! جرَوا إلى السيارة ونظروا إلى داخلها. رأَوا كارل. قال أحدهم: هذا رجل. قال

آخر: لا، ليس رجلًا، إنه وقع من السماء. وقف كارل لكي ينزلَ من السيارة. خاف الرجال ورجعوا إلى الوراء قليلًا وسألوا كارل:

- من أنت؟

• لا تخافوا. أنا رجل مثلكم.

- بل أنت **مخلوق** من مخلوقات السماء. أنت نزلت من السماء.

• بل نزلت من هذا المبنى الذي أمامكم.

- كل الناس ينزلون على السلم ويخرجون من الباب. لا أحد ينزل في سيارة القمامة.

• لأن كل الناس الآخرين يريدون الحياة. أنا أريد الموت. أردت الانتحار.

- هذه طريقة صعبة جدًا للانتحار، لماذا لا تنتحر بالسم، أو تقفز في البحر؟

يسمع كارل كل هذا الكلام ولا يقول شيئًا. تركهم وذهب.

****

مشى في الشارع وكلم نفسه. مشى كثيرًا وفكر كثيرًا. الآن هو متعب. نـام قليلًا في الشـارع. عندما استيقظ وجـد السـماء تُمطر. قـال لنفسـه

٢١

بغضب: إش هابيه كاين غلوك. إش موشتيه شتيغبن. إش ڤغديه ميش توتن. سمعه رجل يمشي في الشارع. أعطاه بعض النقود. سأله كارل:

- ما هذا؟

- آسف. ليس عندي نقود أكثر.

- لماذا تعطيني نقودك؟

- لكي تأكلَ أو تشربَ شيئًا.

- لا أريد الأكل ولا الشرب.

- ماذا تريد؟

- أريد الموت.

- وما المشكلة؟ كلنا سوف نموت طبعًا.

- ولكني أريد الموت الآن.

- سوف تموت عندما يريد الله موتك.

- هل يمكنك مساعدتي؟

- نعم. كيف أساعدك؟

- من فضلِك اُقتلْني!

- ربما تكون مجنونًا، ولكني لست كذلك.

- سوف **أدفع** لك نقودًا كثيرة.

- آسف لا أستطيع أن أساعدك ولن آخذَ منك نقودًا. أنا شـاب ولا أريد أن أقضي عمري في "الفندق **الرخيص**" بسببك.

• بل تستطيع مساعدتي. من فضلك ساعدني.

(الرجل يضحك)

• لماذا تضحك؟ هل أنت سعيد في هذه الحياة الحزينة؟

- نعم، أنا سعيد. الحمد لله.

• كيف تكون فقيرًا وسعيدًا في نفس الوقت؟

- ليس عندي نقود ولكني بـ**صحة** جيدة وآكل وأشرب جيدًا ولي أصـدقاء كثيـرون. هـم يحبـونني وأنـا أحبهم. الحمـد لله علـى كـل شيء.

• ما اسمك؟

- اسمي إبراهيم.

• من أين أنت؟

- أنا من السنغال.

• كيف أتيت إلى ألمانيا؟

- ركبت مركَبًا صـغيرًا من بلدي إلى إسبانيا، وقبل الوصـول إلى الشـاطئ قفزت إلـى المـاء وسبحت بسرعة قبل أن يرانـي رجـال الشرطة.

- ماذا حدث بعد ذلك؟

- قابلت بعض السنغاليين الذين ساعدوني. كنا نأكل معًا ونشرب معًا ونقرأ القرآن معًا. نمت في بيت أحدهم ثلاث ليالٍ. أعطاني نقودًا لكي أركبَ الحافلة وآتيَ إلى ألمانيا لكي أبحثَ عن عمل.

- هل كانوا أصدقاءك قبل أن تأتي؟ هل عرفتهم في السنغال؟

- لا، هذه كانت أول مرة أراهم.

- كيف يساعدونك وهم لا يعرفونك؟

- ساعدوني بسبب حبهم مساعدةَ الناس الآخرين.

- هل هم أغنياء؟

- لا، هم فقراء مثلي.

- لا أفهم. كيف يعطيك الفقراء نقودهم؟ وأنت أيضًا تريد إعطائي نقودك. الأغنياء لا يعطون إلا القليل. كل الناس يريدون نقودًا فوق نقودهم.

- بعض الناس يصبحون سعداء عندما يساعدون الآخرين.

- هل أنت سعيد في ألمانيا؟

- نعم، أنا سعيد والحمد لله، ولكني أكون حزينًا أحيانًا لأني تركت أبي وأمي في بلدي وأتيت إلى ألمانيا.

- ما سبب سفرك إلى ألمانيا؟

- لكي أعملَ وأحصلَ على نقود وأرسلَها إليهما. الآن أريد رؤيتَهما. أنا أحبهما جدًا.

• إن شاء الله سوف تراهما قريبًا. هل تستطيع مساعدتي بطريقة أخرى؟ ليس عندي بيت. ليس عندي نقود للنوم في فندق. لا أدري أين أنام. هل يمكنني النوم في بيتك؟

- بيتي غرفة صغيرة. طبعًا يمكنك النوم فيها. أهلًا وسهلًا بك. سوف أكون سعيدًا.

وفعلًا ذهب كارل مع "صديقه" الجديد إلى غرفته. في الطريق تكلما كثيرًا وسأله كارل أسئلة كثيرة إلى أنْ وصلا. ما هذا؟ هذه الغرفة صغيرة جدًا ولها شباك واحد. هذه غرفة للكلاب أو القطط فقط. حمامها في الخارج. كيف يكون الشخص الذي يعيش في هذه الغرفة سعيدًا؟ كارل أراد رؤية كيف يعيش هذا الرجل. في الليل أعطى الرجل كارل بعض الطعام. عندما أتى وقت النوم ترك له سريره ونام هو على الأرض سعيدًا. سأله الرجل السنغالي لماذا يريد أن يموت. **حكى له قصته**. كان فقيرًا. في يومٍ من الأيام سافر إلى مصر لكي يشاهدَ الأهرامات. هناك وجد غرفة تحتَ الأرض. كان في الغرفة ملكة فرعونية جميلة لا تستطيع الخروج من غرفتها قبل الزواج. قالت له:

تزوجْني وسوف أعطيك كَنزًا من الذهب وسوف تصبح ملك مصر. وفعلًا تزوجها وخرجا من الغرفة التي تحتَ الأرض. بعد وقت قليل من خروجها من الغرفة أصبحت كبيرة في السن، ثم ماتت. حزِن كارل قليلًا، ثم أخذ ذهبه وباعه وأصبح غنيًا. بعد ذلك رجع إلى ألمانيا وتزوج المرأة التي يحبها. كان كل عمره يعطيها وأولادَه كثيرًا. وعندما أصبح كبيرًا في السن لا يريدون إعطاءه شيئًا. لذلك يريد الموت. ضحك الرجل السنغالي وقال له: هذا ليس سببًا للانتحار. النقود ليست كل شيء. يمكنك العيش مع أصدقاء تحبهم ويحبونك، تساعدهم ويساعدونك. العمر أمامَك طويل. الآن يعيش كارل مع هذا الرجل السعيد ومع آخرين مثله. يأكلون معًا ويشربون معًا ويتكلمون معًا ويضحكون معًا. الآن يحب كارل هذا الرجل، ويحب ضَحِكَهُ ويحب أصدقاءَه الآخرين، ويحب طريقة حياتهم. الآن لا يريد كارل الانتحار، ولا يريد القيام برحلة إلى الحياة الأخرى!

معاني الكلمات

English	Français	Español	Deutsch	
in front	devant	delante	vor	أمام
any	n'importe lequel	cualquier	irgendein	أيّ
building	bâtiment	edificio	Gebäude	مَبْنى
leave	laisser	dejar	lassen	ترَك (ُ)
Come!	Viens!	Venga!	Komm!	تَعالَ
much	beaucoup	mucho	viel	جزيل
obtain	obtenir	obtener	bekommen	حصَل (ُ)
bring	apporter	traer	bringen	أحْضَر
tell	raconter	contar	erzählen	حكى (ِ)
outside	dehors	fuera	außen	خارج
closet	armoire	armario	Schrank	خِزانة، خَزائن
wood	bois	madera	Holz	خَشَب
creature	créature	criatura	Wesen	مَخْلوق
inside	dans	dentro	innerhalb	داخل
pay	payer	pagar	bezahlen	دفَع (َ)
inexpensive	bon marché	barato	billig	رخيص
rob	voler	robar	rauben	سَرق (ِ)
help	aider	ayudar	helfen	ساعد
poison	poison	veneno	Gift	سُمّ
sky	ciel	cielo	Himmel	سَماء
winter	hiver	invierno	Winter	شِتاء
person	personne	persona	Person	شَخْص، أشْخاص
beach, shore	plage, bord	playa, orilla	Strand, Ufer	شاطِئ
devil	diable	diablo	Teufel	شَيْطان
become	devenir	llegar a ser	werden	أصْبَح
health	santé	salud	Gesundheit	صِحّة

factory	fabrique	fábrica	Fabrik	مَصْنَع، مَصانِع
voice, sound	voix, son	voz, sonido	Stimme, Geräuch	صَوْت
method	méthode	manera	Methode	طَرِيقة
ask for	demander	pedir	bitten	طَلَب (ـُ)
table	table	mesa	Tisch	طاوِلة
high	haut	alto	hoch	عالٍ
when	quand	cuando	wenn	عِنْدَما
poor	pauvre	pobre	arm	فقير
above	sur	sobre	über	فَوْق
kill	tuer	matar	töten	قتَل (ـُ)
art. for confirmation	art. pour confirmation	art. para confirmación	Art. für Bestätigung	قَد
story	histoire	cuento	Erzählung	قِصّة، قِصَص
jump	sauter	saltar	springen	قفَز (ـِ)
garbage	ordures	basura	Abfall	قُمامة
as	comme	como	wie	كـ
in order to	afin de, afin que	para (que)	um zu	لكي
negative future	futur negatif	futuro negativo	Negativ im Futur	لن
catch	attraper	agarrar	ergreifen	أمْسَك بـ
evening	soir	tarde	Abend	مَساء
rain	pleuvoir	llover	regnen	أمْطَرت
commit suicide	se suicider	suicidarse	Selbstmord begehen	انْتحر
air	air	aire	Luft	هَواء
must	devoir, il faut	deber, hay que	müssen	وَجَب، يَجِب
alone	seule	solo	alein	وحدي

رحلة إلى الحياة الأخرى

التمرينات

أولًا: اِملأ الفراغ بالمصدر المناسب. لاحظ (الـ) (قواعد سهلويه ملحق ١٨، ١٩ ص٢٨٢، ٢٨٣):

١- أراد كارل ـــــ *الزواج* ـــــ بكارلا لأنه لا يحبها.

٢- يحب كارل ـــــ *السفر* ـــــ إلى بلاد مختلفة.

٣- رجع كارل إلى بيته بعد ـــــ *شراء* ـــــ السم.

٤- أبو كارل ليس غنيًا. لذلك لا يستطيع ـــــ *مساعدته* ـــــ ـه.

٥- يجب على كارل ـــــ *الذهاب* ـــــ إلى سفارة الحياة الأخرى لكي يحصل على التأشيرة.

٦- يمكن كارل ـــــ *شراء* ـــــ التذكرة من الشيطان.

٧- لا يستطيع ـــــ *النوم* ـــــ جيدًا بالليل بسبب التفكير.

٨- ممنوع ـــــ *الأكل / الشرب* ـــــ في الصف الدراسي.

٩- أراد إبراهيم ـــــ *العمل* ـــــ لكي يحصل على نقود.

١٠- يريد كارل الانتحار، ولكنه لا يعرف ماذا بعد *الموت*.

ثانيًا: إضافة (ض) أم صفة وموصوف (ص)؟ (قواعد سهلويه ص٢٤)

طريقة سهلة ص	فوق المبنى ض	مصنعها ض
قبل الزواج ض	تحت الأرض ض	وقت قصير ص
شابة فقيرة ص	بعد الموت ض	تفكير طويل ص
زوجك ض	زوج غني ص	نقودي ض

ثالثًا: اِملأ الفراغ بالكلمة المناسبة من الكلمات الآتية (قواعد سهلويه ١١٦):

لكي/ لكيلا - لأنَّ (+ ضمير) - (بـ)سبب - (و)لذلك

(لكي تأتي بعدها جملة فعلية – لأنَّ تأتي بعدها جملة اسمية،

(بـ)سبب يأتي بعدها مضاف إليه – لذلك تأتي بعد السبب)

١ـ يعمل كارل ليلًا ونهارًا لكي يحصل على نقود.

٢ـ يعمل كارل ليلًا ونهارًا لأنَّه يحب العمل.

٣ـ أراد كارل أن يتزوج، ولذلك عمل ليلًا ونهارًا.

٤ـ لا يستطيع كارل الزواج بسبب فقره.

٥ـ أراد كارل النقود لأنَّه فقير.

٦ـ أراد كارل الانتحار لذلك اشترى سمًا.

٧ـ وقف كارل على كرسي لكي يقفز.

٨ـ كارل لا يعمل كثيرًا بسبب سنّه الكبيرة.

٩ـ شعر الكلب بالجوع، ولذلك دخل بيت كارل.

١٠ـ ذهب كارل إلى دكان لكي يشتري السم.

١١ـ لا يستطيع كارل النوم جيدًا ----- التفكير.

١٢ـ أكل الكلب طعام كارل بسبب جائع.

١٣ـ أراد كارل النقود لكي يتزوج.

١٤ـ أراد كارل الانتحار لذلك وقف على كرسي وقفز.

١٥ـ فهم البائع بسبب قتل الكلب.

١٦ـ أراد كارل الانتحار لأنَّ زوجته لا تحبه.

١٧ـ قتل كارل الكلب لأنَّه يأكل طعامه.

١٨ـ لا تفهم الأسرة بسبب ضَحِكِ كارل.

١٩ـ اشترى كارل سمًا لأنَّه أراد أن ينتحر.

٢٠ـ سأل كارل إبراهيم عن بسبب سفره.

٣٠

رابعًا: اِملأ الفراغ بالفعل المناسب:

١- قال كارل: أنا أريد أن أنتحر. أريد أن ــــــ نفسي. ~~اقتل~~

أ- أقتل ⬭   ب- أترك   ج- أقفز   د- أسرق

٢- اشترى كارل السم و ــــــ النقود. ~~دفع~~

أ- حصل   ب- وجب   ج- دفع ⬭   د- طلب

٣- كارل يحب أن ــــــ الفقراء نقوده. ~~يعطي~~

أ- يدفع   ب- يعطي ⬭   ج- يترك   د- يحصل

٤- كارل لا يريد أن يرجع إلى بيته. ــــــ من إبراهيم المساعدة. ~~طلب~~

أ- حصل   ب- طلب ⬭   ج- أخذ   د- أحضر

٥- سأل إبراهيم كارل: لماذا تريد أن تنتحر؟ ــــــ له كارل قصته. ~~حكى~~

أ- أعطى   ب- ترك   ج- حكى ⬭   د- أحضر

٦- ذهب كارل للانتحار. كتب رسالة و ــــــها لأسرته.

أ- حكى   ب- أحضر   ج- دفع   د- ترك ⬭

٧- قال كارل لإبراهيم: ساعدني وسوف ــــــ لك نقودًا كثيرة. ~~أدفع~~

أ- أدفع ⬭   ب- أعطي   ج- أحصل   د- آخذ

٨- طلب كارل بعض الطعام من إبراهيم. ذهب إلى المطبخ و ــــــ خبزًا وجبنًا. ~~أحضر~~

أ- حصل   ب- أحضر ⬭   ج- أمسك   د- سرق

٩- صاحب الدكان لا ــــــ كارل سمًا. ~~يعطي~~

أ- يُحضر   ب- يترك   ج- يأخذ   د- يعطي ⬭

١٠- سوف ــــــ كارل على تأشيرة الموت من سفارة الحياة الأخرى. ~~يحصل~~

أ- يشتري   ب- يأخذ   ج- يحصل ⬭   د- يُحضر

خامسًا: اِملأ الفراغ بالكلمة المناسبة:

١- قفز كارل من فوق ـــــــ عالٍ. *مبنى*

أ- مصنع   ب- مبنى   ج- هرم   د- سلَّم

٢- لا يستطيع كارل الزواج من كارلا لأنه ـــــــ. *فقير*

أ- فقير   ب- رخيص   ج- شخص   د- مخلوق

٣- حاول كارل الانتحار، ولكنه وقع ـــــــ سيّارة قُمامة. *داخل*

أ- خارج   ب- وراء   ج- تحت   د- داخل

٤- كيف تستطيع الملكة أن تعيش داخل غرفة ليس فيها ـــــــ؟ *هواء*

أ- صوت   ب- صحة   ج- هواء   د- قُمامة

٥- إبراهيم ليس مريضًا. هو بـ ـــــــ جيدة.

أ- صحّة   ب- طريقة   ج- حياة   د- خير

٦- قفز كارل في البحر. رآه أحد العمال وقفز ـــــــ. *ورائه*

أ- أمام   ب- تحت   ج- وراء   د- فوق

٧- يتكلم كارل بـ ـــــــ عالٍ داخل المصنع. *صوت*

أ- كلام   ب- صوت   ج- هواء   د- سؤال

٨- لا يحصل منصور على تأشيرة إسبانيا. يفكر في ـــــــ أخرى للسفر. *طريقة*

أ- سفارة   ب- تذكرة   ج- طائرة   د- طريقة

٩- زوجة كارل وأولاده لا يريدون إعطاءه ـــــــ مصنع. *أيّ*

أ- نفس   ب- أحد   ج- أي   د- بعض

١٠- أحيانًا يمشي كارل مع كارلا على الـ ـــــــ. *الشاطئ*

أ- الشارع   ب- الشاطئ   ج- المصنع   د- الهواء

سادسًا: املأ الفراغ بحرف جر مناسب من حروف الجر الآتية عند اللزوم (قواعد سهلويه ص٥٤):

إلى – بـ – على – عن – في – لـ – من – كـ

١- فكر كارل في طريقة للحصول **على** نقود.

٢- طلب كارل المساعدة **من** إبراهيم.

٣- حكى كارل **لـ**إبراهيم **عن** رحلته إلى مصر.

٤- سأل عُمَّال القُمامة ـــــ كارل: من أنت؟

٥- يجب **على** كارل أن يدفع نقودًا لإبراهيم.

٦- بحث كارل **عن** النقود ـــــ **كـ**المجنون.

٧- انتظر كارل ـــــ صاحب الدكان لأنه دخل غرفة صغيرة في دكانه.

٨- اشترى كارل السم ثم خرج **من** الدكان بسرعة.

٩- قال كارل لإبراهيم: أُقتلني وسوف أدفع ـــ**لـ**ك نقودًا كثيرة.

١٠- يضحك إبراهيم ـــــ **كـ**الطفل.

٣٣

القصة الثانية (٣٠٩ كلمة)

رحلـة إلى الجنة

ترك كارل بيته وزوجته وأولاده ويعيش الآن مع صديقِهِ الجديد إبراهيم وأصدقائِهِ الآخرين، أو يمكننا القَول إنه يعيش مع أسرته الجديدة. هو يحبهم كإخوته. يقضي معهم وقتًا جميلًا. يأكل معهم دائمًا ويشرب معهم ويكلمهم. هم لا يتكلمون الألمانية جيدًا. أحيانًا يعطيهم كارل **درسًا** في المساء بدون نقود. هم لا يفهمونه دائمًا. ولذلك يعلمهم بعض الكلمات الجديدة لكي يفهمَهم ويفهموه. هذا ليس سهلًا لأنه ليس مدرسًا. الأصدقاء دائمًا يسألونه أسئلة كثيرة. هم سعداء بتعلمِهِم و**يشكرونه** دائمًا، وهو سعيد بتعليمِهِم. في المساء يخرجون معًا أو يزورون أصدقاءهم أو يذهبون إلى بعض الأماكن الجميلة، ثم يرجعون مبكرين لكي يناموا. كارل يخرج معهم دائمًا إلا عندما يذهبون إلى **المسجد**. كلهم يعملون إلا كارل. في يومٍ منَ الأيام أراد كارل العمل لكي يستطيعَ دفع أجرة الغرفة و**ثمن** الطعام. لا يستطيع دفع أي نقود دون العمل. طبعًا لا يستطيع العمل بسبب سنِهِ الكبيرة. العمل في سنه صعب. وفوق ذلك لا يستطيع دفع أي نقود لأن أصدقاءه لا يطلبون ذلك. هم يدرون أنه لا يعمل وليس عنده نقود. لذلك قالوا له: علمنا الألمانية فقط. نحن **محظوظون** بسبب وجودك معنا. كارل شكرهم وقال لهم: أنتم كإخوتي، ولكنه ليس سعيدًا بسبب ذلكَ. هو يدري أن أصدقاءه فقراء، والحياة في ألمانيا غالية. لذلك يريد مساعدتهم وهؤلاءِ الأصدقاء أيضًا يريدون مساعدته. لا يريد أن

يعيش معهم بدون دفع أي نقود، ولكن ماذا يفعل؟ أين يذهب؟ هذه هي مشكلة كارل الأولى. أحيانًا يقول له أصدقاؤه: يجب عليك زيارة أسرتك. وفعلًا يقوم بذلكَ ويقضي معهم وقتًا قصيرًا، ولكنه دائمًا يرجع إلى أصدقائه بعد الزيارة. هو يحب زوجته وأولاده، ولكنه لن يعيشَ معهم بسبب الذي حدث منهم من قبلُ. **يحاول** نِسْيانَ تلك القصة الحزينة، ولكن من المستحيل نسيانُهم. هذه هي مشكلة كارل الثانية.

****

في يومٍ منَ الأيام سافر إبراهيم من ميونيخ إلى إشتوتغارت لكي يزورَ أخاه الذي يعيش هناك وبعض أصدقائِهِ الآخرين. تذكِرة الطائرة غالية. لذلك سافر بالحافلة. يمكنه دفع ثمن تذكِرة الحافلة فقط. في يوم السفر استيقظ مبكرًا وأفطر، ثم خرج من بيته. ركب الحافلة وركبت بجانبِهِ امرأة ألمانية. هذه المرأة لطيفة، ولكنها خائفة قليلًا. إبراهيم لا يعرف سبب خوفها. هل تخاف منه أم من السفر أم من شيء آخر؟ لا يمكنه أن يسألها هذا السؤال. قال لنفسه: عندي فكرة جيدة. سوف أكلمها قليلًا لكيلا تخافَ:

- ما اسمكِ؟

- اسمي بيترا. وأنت؟ ما اسمكَ؟

- اسمي إبراهيم.

‑ أهلًا وسهلًا.

● أهلًا بك.

‑ هل أنت ألماني؟!

● لا، أنا من السنغال، ولكني أعمل في ألمانيا.

‑ ولذلك تتكلم الألمانية كالألمان.

● لا، لا أتكلمها جيدًا. قليلًا فقط. اللغة الألمانية صعبة، ولكنّ لي
صديقًا ألمانيًا يسكن معي في بيتي ويعلمني أحيانًا.

‑ أين تذهب الآن؟

● إلى شتوتغارت، لكي أزورَ أخي وبعض أصدقائي. وأنت؟ أين
تذهبين؟

‑ أنا أذهب إلى **قرية** صغيرة اسمها شقيبشهال قريبة من مدينة
شتوتغارت. هذه رحلة قصيرة. سوف أرجع غدًا، إن شاء الله.

● هل تعيشين هناكَ؟

‑ لا، أنا أعمل وأعيش هنا في ميونيخ. أنا مدرسة. أبي صاحب
مستشفى صغير في شقيبشهال. أريد إرسال بعض الأوراق إلى
المستشفى. هناك موظفون يقومون بذلكَ، ولكن هؤلاءِ الموظفون
مرضى كلهم اليوم. لذلك يجب عليَّ الذهاب بنفسي.

● سوف يكونون بخير قريبًا، إن شاء الله.

- شكرًا جزيلًا. هل تعرف الطريق جيدًا؟ أنا لا أعرفه لأن هذه أول مرة أسافر بالحافلة.

- نعم، لكي تذهبي إلى شڤيبشهال يجب عليكِ النزول من هذه الحافلة في مدينة كيغشهايم وركوب حافلة أخرى إلى شڤيبشهال. سوف تصلين إلى هناك بعد نصف ساعة، إن شاء الله.

- شكرًا جزيلًا. سوف أفعل ذلكَ.

سألته أسئلة كثيرة **طَوالَ** الرحلة، وعند مدينة كيغشهايم نزلت المرأة لكي تركبَ حافلة أخرى. قالت لإبراهيم: مع السلامة، وهو أيضًا قال لها: مع السلامة.

****

بعد نزولها من الحافلة قال إبراهيم لنفسه: أنا الآن وحدي. لا أجد أحدًا للتكلم معه. نحن الآن في الليل. لا أستطيع رؤية أي شيء منَ الشباك. رحلتي طويلة. سوف أحاول النوم قليلًا. وفعلًا نام ساعة أو ساعة ونصفًا، وعندما استيقظ كانت الحافلة قد وصلت إلى شتوتغارت. أراد إبراهيم النزول منَ الحافلة. أخذ حقيبته من تحتِ الكرسي، ولكن... ما هذا؟ مفاجأة! هناكَ شيء آخر بجانب حقيبتِهِ. ما هذا الشيء؟ هذه حقيبة أخرى. لِمَن هذه الحقيبة؟ أين صاحبها؟ نظر أمامه. لا أحدَ. نظر وراءه.

لا أحدَ. هل هي لِبيترا أم للشخص الذي كان يجلس على الكرسي نفسه قبلها؟ ماذا أفعل؟ من المستحيل أن آخذ شيئًا ليس لي. ولكن بعد التفكير أخذ إبراهيم الحقيبتين ثم نزل منَ الحافلة. وجد أخاه في انتظارِهِ على الرصيف. قال إبراهيم لنفسه: لن أقولَ له أي شيء عن الحقيبة. ذهبا معًا إلى بيت أخيه. عندما وصلا كان الليل قد دخل. أكلا معًا بعض الطعام وتكلما قليلًا، وبعد الأكل ذهب كل منهما إلى غرفته لكي ينامَ، ولكن إبراهيم لا يستطيع النوم بسرعة بسبب تفكيرِهِ في الحقيبة التي وجدها في الحافلة. فكر طَوالَ الليل كيف يعطيها صاحبها؟ مَن صاحبها؟ هل نسيها أم تركها؟ ماذا داخل الحقيبة؟ هل يفتحها أم يأخذها إلى الشرطة؟ لا، لن يأخذَها إلى الشرطة. هؤلاءِ سوف يسألونه ألف سؤال، وسوف يكلمونه **كلص**. طبعًا يجب عليه فتْحُها لمعرفة ماذا بداخلها. هو خائف قليلًا. مفاجأة أخرى! حاول فتْح الحقيبة، ولكنه لا يستطيع لأنها مغلقة بطريقة لا يستطيع فتحها. لذلك تركها تحت سريرِهِ ونام **حتى** صباح اليوم التالي.

****

في الصباح استيقظ مبكرًا. يُفطر ولا يقول لأخيه شيئًا عن الحقيبة. قضى معه ومع أصدقائه الآخرين إجازة قصيرة، ثم شكرهم ورجع إلى بيتِهِ. عندما رجع قابل كارل وأصدقاءَه الآخرين. حكى لهم قصة الحقيبة

العجيبة وطلب منهم المساعدة. كارل قال له: لا مشكلة. أنا أستطيع مساعدتك. أنا أعرف هذا **النوع** من الحقائب. عندما كنت غنيًا كنت أضع نقودي في حقيبة مثلها. لذلك أدري كيف أفتحها. فقط أعطِني ألف يورو! إبراهيم لا يقول شيئًا. عندما سمع أصدقاء إبراهيم كلام كارل قال له أحدهم: هذه الحقيبة بها نقود كثيرة! سوف تصبح غنيًا! لا فقرَ بعد اليوم! قال له إبراهيم: أنت مجنون. لا أحدَ يترك حقيبة داخلها نقود في حافلة. كلهم ضحكوا إلا كارل لأنه مشغول بفتح الحقيبة. استطاع فتحها بسرعة. مفاجأة ثالثة. مفاجأة لكل الأصدقاء هذه المرة، وليست لإبراهيم وحدَه. وجدوا في الحقيبة نقودًا فعلًا! الحقيبة فيها مليون يورو وبعض الأوراق. إبراهيم لا يستطيع أن يتكلم. لا أحد من هؤلاءِ الأصدقاء يستطيع التكلم. نظر إبراهيم إلى الحقيبة التي أمامه، ثم نظر إلى أصدقائه، ثم نظر إلى الحقيبة مرة أخرى، ثم سأل كارل:

- ● ماذا أفعل الآن؟

- - لا تفعل شيئًا. أنت الآن غني. لا عملَ بعد اليوم. أنت محظوظ. سوف تعيش حياة سهلة كالملك.

- ● كيف هذا؟ هذا مستحيل! يجب أن أجد صاحب هذه الحقيبة بسرعة. هذه ليست نقودي.

- بلى، نقودك. أنت وجدتها ولا تعرف صاحبها. خذها وعِش حياة سعيدة، ولا تسألْني أي سؤال آخر.

• لا أستطيع. قلت لك إن هذا مستحيل!

- هل تريد أن تعيش فقيرًا طَوالَ حياتك؟ هل تحب الفقر الذي كنت تعيش فيه قبل أن تجد الحقيبة؟

• لا، ولكني لن آخذَ نقودًا ليست لي لأن أخْذ هذه النقود **حرام**.

- حرام؟ ما معنى هذه **الكلمة**؟ أحيانًا لا أفهمك.

• معناها أن الله لا يحب هذا.

- بل أنت تحب أن تعيش فقيرًا. عندي فكرة جيدة. أعطِني هذه النقود. سوف أشتري بها بيتًا جديدًا. ربما أعطيك غرفة أو غرفتَين لكي تسكنَ فيهما. يمكنك أيضًا أن تتزوج فيهما. سوف أشتري أيضًا سيارة جميلة. يمكنك ركوبُها أحيانًا. سوف أسافر إلى كل مكان. (كل الأصدقاء يضحكون، إلا إبراهيم).

• سوف أفكر.

****

وضع إبراهيم الحقيبة في خزانته وأغلقها جيدًا. وفي اليوم التالي ذهب إلى العمل. في الطريق لا يفكر إلا في طريقة للوصول إلى صاحب الحقيبة. بعد قليل قال لنفسه: عندي فكرة جيدة. ربما يكتب لي صاحب

تلك الحقيبة رسالة في الجريدة. وفعلًا اشترى بعض الجرائد وقرأها، ربما يجد في إحداها رسالة من صاحب الحقيبة، ولكنه لا يجد شيئًا. سمع إبراهيم صوتَين داخله. الصوت الأول قال له: هذه ليست نقودك. طبعًا يجب عليك إعطاء الحقيبة صاحبها. ابحث عنه في كل مكان. لا تأخذ منها شيئًا. أنت لا تريد أن يغضب الله عليك. **تذكر** كلام أبيه له عندما كان صغيرًا: لا تأخذ شيئًا ليس لك. رأى أمه تقف أمامه غاضبة وتقول له: النقود ليست كل شيء. لا تكن كالشيطان. لا تشترِ هذه الحياة بالحياة الأخرى. الصوت الثاني قال له: هذه **هدية** لك من الله. أنت لا تعرف صاحب الحقيبة. لماذا أنت حزين؟ كنتَ سعيدًا قبل أن تجد الحقيبة، وأصبحت حزينًا عندما أصبحت غنيًا. أنت مجنون. يجب أن تقول الحمد لله، وتعيش جيدًا. عندما رجع إلى بيته في المساء قال لأصدقائه: سوف آخذ هذه النقود. نعم، هذه نقودي. هذه هدية لي من الله. لن أعيشَ فقيرًا بعد اليوم. سوف أشتري بيتَين أحدهما كبير لي والآخر صغير لكارل. سوف أشتري سيارة للذَهاب بها إلى العمل. لن أركبَ سيارة كارل. لن أركبَ الحافلات بعد اليوم. بل لن أذهبَ إلى العمل. عندي مليون يورو. هذه ليست نقودًا قليلة. سوف أشتري دكانًا كبيرًا وأعمل فيه. سوف أبيع وأشتري. سوف يعمل معي موظفون كثيرون. أنتم أيضًا سوف تعملون معي. وربما يصبح كارل مديرَ الدكان، وسوف يصبح عندي نقود

كثيرة. سوف أعطي هؤلاءِ الموظفين أجرة جيدة. سوف أعطيك يا كارل كل النقود التي تطلبها. سوف أرسل إلى أمي حبيبتي نقودًا عن طريق المصرِف. لا، بل سوف تأتي أمي إلى هنا للعيش معي. طبعًا لن تأتيَ بالمركَب مثلَ كثير من الناس. هذا صعب جدًا وهي كبيرة في السن ومريضة. بل سوف تأتي بالطائرة. سوف أشتري تذكِرة وأرسلها إليها. سوف **أبني** مسجدًا في قريتي. إبراهيم سعيد ويفكر في كل شيء يستطيع فِعْله. أصدقاؤه أيضًا سعداء ويفكرون في إقامة حفلة له. قال له أحد أصدقائه:

- الحمد لله أنك سافرت إلى شتوتغارت.

- سوف أسافر إلى هناك مرة كلَ أسبوع، بل كل يوم. ربما أجد حقيبة داخلها نقود كل مرة!

- أنت الآن تحب النقود جدًا. أنت الآن مختلف. أصبحت شخصًا آخر. ماذا حدث لك؟

- تعالَ معي يا حبيبي في الرحلة القادمة وربما تجد أنت أيضًا حقيبة بها مليون أو مليونًا يورو.

- والحمد لله أيضًا أن تلك المرأة جلست بجانبك.

- نعم، أنا وأنتم محظوظون، وهي **مسكينة**.

- والحمد لله أنك لا تدري أين تسكن.

- هي تعيش في مدينة ميونخ، ولكن هذه مدينة كبيرة جدًا ويعيش فيها ناس كثيرون.
- والحمد لله أنها لا تعمل.
- بل تعمل. تذكرت الآن. هي مدرسة في ميونخ. وهي أيضًا ابنة صاحب مستشفى في شڤيبشهال. كيف نسِيت هذا من قبلُ؟ حقيبة النقود لها. لذلك كانت خائفة. الآن فقط فهمت سبب خوفها. سوف أسافر الأسبوع القادم إن شاء الله إلى شڤيبشهال وأبحث عنها وأعطِيها نقودها. ولماذا الانتظار؟ لا أستطيع الانتظار حتى الأسبوع القادم. يجب أن أعطيَها حقيبتها بسرعة. سوف أسافر اليوم أو غدًا صباحًا.
- تبحث عن امرأة رأيتَها مرة واحدة فقط؟ هذا شيء عجيب! كيف تفعل ذلك؟ أين تبحث عنها؟ هل تسأل عنها في كل مكان؟ هل تبحث عنها في الدكاكين؟ هل تمشي في الشوارع وتسأل الناس مَن رأى المرأة التي كانت تجلس بجانبي في الحافلة عندما كنت أسافر من ميونيخ إلى شتوتغارت، ونسيت حقيبتها تحت الكرسي؟ هل أنت مجنون؟
- بل أنتمُ المجانين. سوف أبحث عنها في المستشفيات فقط. المستشفيات في قرية صغيرة مثل شڤيبشهال قليلة. هذا سهل جدًا.

- لن تستطيعَ شراء بيت كبير، ولا دكان، ولا سيارة، ولا تذكِرة طائرة لأمك. لن تستطيعَ بناء مسجد في قريتك.
- سوف تأتيني النقود بأي طريقة أخرى.
- إن السماء لا تُمطر ذهبًا.
- سوف أطلب نقودًا من الله، وسوف يرسل إليَّ تلك النقود عندما يريد.

أصدقاؤه قالوا له: نحن لا ندري ماذا يجب علينا قوله. تركوه وخرجوا. وكارل أيضًا تركه وخرج وأغلق باب البيت.

****

في اليوم التالي طلب بعض النقود من أصدقائه واشترى تذكِرة الحافلة إلى قرية شقيبشهال وذهب إليها في الإجازة الأسبوعية. عندما وصل بحث عن بيترا في كل المستشفيات:

- السلام عليكم.
- وعليكمُ السلام.
- من فضلك أريد مقابلة ابنة صاحب هذا المستشفى.
- هل تعملُ هنا أم تطلبُ بعض النقود؟

- بل أريد رؤية ابنة صاحب المستشفى.

- هل أنت مريض؟

- لا، لست مريضًا. صحتي جيدة جدًا والحمد لله.

- هل تبحث عن عمل؟ يمكنك أن تقابل مدير المستشفى. هو هنا اليوم وهو شخص لطيف ويحب مساعدة الناس.

- لا، لا أبحث عن عمل، ولا أريد مقابلة مدير المستشفى. فقط أريد التكلم مع ابنة صاحب المستشفى.

- ربما تريد أن تشتري هذا المستشفى، ولكنه ليس للبيع.

- لا أريد شراء المستشفى، ولا أريد شراء غرفة واحدة من غُرَفِهِ، ولا أريد شراء باب ولا شباك ولا سرير. أريد فقط مقابلة ابنة صاحبه.

- هل لك قريب مريض في المستشفى ولا يستطيع دفع أجرة المستشفى؟

- لا، ليس لي أي قريب في هذا المستشفى ولا أعرف أحدًا به. فقط أريد إعطاء ابنة صاحب المستشفى شيئًا لها.

- شكرًا جزيلًا. أنت رجل **أمين**. أمثالك قليلون. من فضلك أعطِنا هذا الشيء لكي نرسلَه نحن إليها. سوف تكون سعيدة جدًا بسبب أمانتك.

- أنتم أيضًا أمناء، ولكن لا يمكنني إعطاؤكم هذا الشيء. يجب أن أعطيَها هذا الشيء بنفسي.

حاول إبراهيم كثيرًا، ولكنَّ الموظفين الذين يعملون في المستشفى يسألونه أسئلة كثيرة. لا يستطيع مقابلة المرأة ولا يستطيع دخول المستشفى بسبب هؤلاءِ الموظفين وأسئلتهم. ذهب إلى مستشفى ثانٍ وثالث وقضى وقتًا طويلًا هناك أيضًا، ولكنه لا يجد بيترا. ماذا يفعل؟

****

رجع إلى مدينته حزينًا. قال له أصدقاؤه: بحثتَ عنها في كل مكان ولا تستطيع الوصول إليها. الآن هذه نقودك فعلًا. أنت الآن غني يا إبراهيم. إبراهيم لا يحب هذه الفكرة. قال لهم بغضب: قلت لكم مائة مرة لا أستطيع. ثم قال لنفسه: يجب عليَّ التفكير في طريقة أخرى. في الليل قرأ القرآن، ثم كلم الله وسأله: يا الله، ماذا أفعل؟. يا الله ساعدني. يا الله لا أريد أخْذ شيء ليس لي. لا أريدك أن تغضب عليَّ. كارل يسمعه ويريد هو أيضًا قراءة القرآن، ولكنه لا يستطيع لأنه لا يقرأ اللغة العربية. يريد أن يكلم الله. نعم، يستطيع فِعْل ذلك بأي لغة. كارل سعيد جدًا بالتكلم مع الله. بعد تفكير طويل قال إبراهيم: سوف أكتب لها رسالة في الجريدة. ربما تقرأها. وفعلًا كتب الرسالة التالية في الجريدة:

إلى **السيدة** بيترا ابنة صاحب المستشفى في قرية شڤيبشهال:

أنا إبراهيم، الرجل السنغالي الذي ركب بجانبك في الحافلة من مدينة ميونيخ إلى مدينة كيغشهايم. أنت تركتِ حقيبتك تحت الكرسي في الحافلة. هذه الحقيبة معي الآن. أنا لا أدري أين تسكنين. من فضلك تعالَي إلى بيتي لكي تأخذيها، أوِ اكتبي لي رسالة لكي آتيَ إليك وأعطيَك نقودك.

****

في اليوم التالي حدثت مفاجأة. قرأت بيترا الرسالة التي كتبها إبراهيم في الجريدة. بيترا سعيدة وخائفة في نفس الوقت. هل تذهب إليه؟ هل تدخل بيت رجل لا تعرفه؟ هل يعطيها نقودها كلها؟ نصفها؟ قليلًا منها؟ ربما لا يعطيها شيئًا. لماذا كتب لها تلك الرسالة؟ فكرت كثيرًا، ثم قالت لنفسها:

مَن يجد مليون يورو لا يعطِها صاحبها، بل يأخذها لنفسه. ماذا أفعل؟ هل أترك حقيبة نقودي؟ طبعًا لا. هل أذهب إلى بيت هذا الشخص الذي لا أعرفه؟ طبعًا لا. هذا مستحيل. هل يطلب نقودًا فوق تلك النقود؟ هل أطلب منه أن يأتي إلى بيتي؟ طبعًا لا. ربما يريد قتلي. في اليوم التالي، وبعد تفكير طويل، ذهبت مع أبيها إلى الشرطة وحكت لهم قصة الحقيبة التي نسِيَتها في الحافلة. قال لهما بعض رجال الشرطة: سوف نذهب

معكما اليوم إلى بيت إبراهيم. طبعًا عندما دخلوا بيته غضِب غضبًا **شديدًا**. لماذا ذهبت تلك المرأة إلى الشرطة؟ هل هو لص؟ سأله أحد رجال الشرطة:

- هل أنت السيد إبراهيم؟

- نعم.

- أين جواز سفرك؟

- تفضل.

- هل وجدت حقيبة السيدة بيترا؟

- نعم.

- هل هذه الحقيبة لك؟ هل النقود التي بداخلها لك؟

- طبعًا لا.

- لماذا أخذتها؟

- لأن صاحبتها نسيتها تحت كرسيها في الحافلة.

- كان يجب أن تأخذها إلى الشرطة.

- أردت البحث عن صاحبتها بنفسي.

- ولكنك كلمتها قليلًا فقط في الحافلة ولا تعرف مكانها.

- بلى، هي قالت لي إنها ابنة صاحب مستشفى في شقيبشهال.

- هل بحثت عنها في تلك القرية؟

- طبعًا.

• هل وجدتها؟

- لا. ولكني كتبت لها رسالة في الجريدة. هي قرأت الرسالة وكان يجب عليها الإتيان إلى هنا دون الشرطة لكي تأخذَ نقودها.

الآن تتكلم بيترا:

• لا أستطيع الإتيان وحدي. ربما تكون لصًا.

الآن يتكلم كارل بغضب:

- مـن فضـلك لا تقـولي لصًـا. اللـص يأخـذ النقود كلها لنفسـه ولا يعطيها صـاحبها. أنت لا تعرفين إبـراهيم. هـو رجـل أمـين جـدًا ويحب الخير. لذلك أرسل إليك تلك الرسالة.

• من أنت؟ ومن إبراهيم؟ أنـا لا أعرفكمـا. أين نقودي؟ أريد رؤية نقودي وأخْذها.

- (كـارل أحضر حقيبة النقـود ووضـعها أمامهـا) تفضلي. هذه هي نقودك كلها أمامك. إبراهيم دفع ثمن كتابة الرسالة في الجريدة من نقوده هو.

عندما رأت نقودها ضحكت وقالت:

- أنا آسفة جدًا. إبراهيم ليس لصًا. بل هو رجل أمين جدًا. أنا محظوظة لأنه هو الذي وجد نقودي. سوف أعطيه مِائة ألف يورو هدية له.

طبعًا إبراهيم غاضب جدًا بسبب الذي فعلته المرأة وقالته. قال لها:

- خذي نقودك كلها. لا أريد شيئًا منك. أستطيع أن أعيش بدون نقودك.

- أنت رجل أمين جدًا. أي امرأة تحب الزواج من رجل مثلك.

عندما سمع إبراهيم هذا الكلام ضحك. الآن هو ليس غاضبًا، ولكنه لا يريد أخذ أي نقود منها. قال لها:

- أنا أعمل لكي أحصلَ على النقود. الحمد لله، أنا بصحة جيدة.

شكرته بيترا وقالت له: أنا آسفة جدًا. ربما أراك في يوم من الأيام. خرجت هي وأبوها من بيته وخرجت الشرطة وراءهما. بعد خروجهم قال له كارل: أنت لا تريد النقود كلها، ولا تريد مِائة ألف يورو، ولا تريد أي شيء منها. صاحبة النقود أرادت إعطاءك هدية. هذا شيء عجيب! كل الناس يريدون نقودًا فوق نقودهم. الآن يحب كارل إبراهيم

أكثر، ويتعلم منه درسًا. خرج كارل من البيت لكي يمشيَ قليلًا في الشارع. فكر في إبراهيم وأمانته. هو رجل مختلف. يفكر بطريقة مختلفة ويعيش بطريقة مختلفة. هل هناك كثيرون أمثاله؟ لا يدري كارل أنه نزل من على الرصيف وأنه يمشي الآن في الشارع. أتت وراءه سيارة سريعة و**صدَمتـه**. أخذوه إلى المستشفى، ولكنه مات في الطريق. هو مسكين. كان يريد الانتحار من قبل لكي يقومَ برحلة إلى الحياة الأخرى. بعد معرفة إبراهيم وأصدقائه الآخرين أصبح سعيدًا ولا يريد الموت، ولكنه مات. ربما يقوم الآن برحلة إلى **الجَنّة!**

paradise

معاني الكلمات

English	Français	Español	Deutsch	
honest	honnête	honesto	ehrlich	أمين
build	construire	construir	bauen	بنى، (ـِ)
price	prix	precio	Preis	ثَمَن
paradise	paradis	paraíso	Paradies	جَنّة
until	jusque	hasta	bis	حَتّى
forbidden (by religion)	illicite	prohibido (por religion)	verboten (von Religion)	حَرام
lucky	chanceux	afortunado	glücklich	محظوظ
attempt	essayer	intentar	versuchen	حاول
lesson	leçon	lección	Lektion	دَرْس، دُروس
remember	se souvenir	acordarse	sich erinnern	تذكّر
mosque	mosquée	mezquita	Moschee	مَسْجِد
poor	pauvre	pobre	arm	مِسْكين
lady	dame	señora	Frau	سَيِّدة
severe	intense	severo	streng	شديد
thank	remercier	agradecer	danken	شكَر (ـُ)
hit	heurter	chocar	jn.anfahren	صدَم (ـِ)
all…long	tout le	a lo largo	der ganze	طَوال
village	village	pueblo	Dorf	قَرْية، قُرى
word	mot	palabra	Wort	كَلِمة
thief	voleur	ladrón	Dieb	لِصّ، لُصوص
type	type	tipo	Typ	نَوْع، أنْواع
present	cadeau	regalo	Geschenk	هَديّة، هَدايا

رحلة إلى الجنة

التمرينات

أولًا: اِملأ الفراغ بالمصدر المناسب. لاحظ (الـ) (قواعد سهلويه ملحق ١٨، ١٩ ص٢٨٢، ٢٨٣):

١- أصدقاء إبراهيم أيضًا أرادوا ركوب الحافلة لكي يجدوا مليون يورو.

٢- أراد إبراهيم دخول الجنة.

٣- يجب على بيترا النزول من الحافلة في مدينة كيغشهايم.

٤- ذهب الأخ لانتظار إبراهيم على رصيف الحافلات.

٥- فكر إبراهيم في طريقة للوصول إلى صاحب الحقيبة.

٦- بعد تفكير طويل قال إبراهيم: سوف أكتب لها رسالة في الجريدة.

٧- المرأة خائفة، ولكن إبراهيم لا يعرف سبب خوفها.

٨- أرادت بيترا إرسال بعض الأوراق إلى المستشفى.

٩- دفع إبراهيم ثمن كتابة الرسالة في الجريدة من نقوده.

١٠- لا يستطيع كارل قراءة القرآن لأنه لا يعرف العربية.

ثانيًا: إضافة (ض) أم صفة وموصوف (ص)؟ (قواعد سهلويه ص٢٤)

قبل السفر ض	الرجل الأمين ص	صديقه ض
شكرًا جزيلًا ص	فوق ذلك ض	قصة لطيفة ص
بعد الزيارة ض	الأسرة الجديدة ص	حقيبتها ض
الشخص المريض ص	تحت السرير ض	فكرتكم ض

ثالثًا: اِملأ الفراغ بالكلمة المناسبة من الكلمات الآتية (قواعد سهلويه ص١١٦):

لكي/ لكيلا - لأنَّ (+ ضمير) - (بـ)سبب - (و)لذلك

١- لا يستطيع إبراهيم دخول المستشفى ‌بسبب‌ الموظفين وأسئلتهم.

٢- أصدقاء كارل لا يفهمونه، ‌لذلك‌ يعلمهم اللغة الألمانية.

٣- بيترا لا تعرف الطريق جيدًا ‌لأنَّ‌ هذه أول مرة تسافر بالحافلة.

٤- يريد كارل العمل ‌لكي‌ يستطيع دفع أجرة الغرفة.

٥- كارل يدري أن أصدقاءه فقراء، ‌ولذلك‌ يريد مساعدتهم.

٦- سافر إبراهيم إلى شتوتغارت ‌لكي‌ يزور أخاه.

٧- إبراهيم لا يمكنه دفع ثمن تذكرة الطائرة، ‌لذلك‌ يسافر بالحافلة.

٨- أصدقاء كارل محظوظون ‌بسبب‌ وجوده معهم.

٩- بيترا محظوظة ‌لأنَّ‌ إبراهيم هو الذي وجد نقودها.

١٠- بيترا سعيدة ‌بسبب‌ أمانة إبراهيم.

١١- كلم إبراهيم بيترا ‌لأنَّها‌ تخاف.

١٢- اراد كارل مساعدة أصدقائه ‌لأنَّهم‌ فقراء.

١٣- الموظفون كلهم مرضى، ‌ولذلك‌ يجب على بيترا الذهاب بنفسها.

١٤- إبراهيم غاضب جدًا ‌بسبب‌ كلام بيترا.

١٥- نزلت المرأة من الحافلة ‌لكي‌ تركب أخرى.

١٦- لا يستطيع إبراهيم فتح الحقيبة، ‌لذلك‌ تركها ونام حتى الصباح.

١٧- لا يستطيع إبراهيم السفر بالطائرة ‌لأنَّه‌ فقير.

١٨- اراد كارل مساعدة أصدقائه ‌بسبب‌ فقرهم.

١٩- قال إبراهيم لبيترا: تعالَي إلى بيتي ‌لكي‌ تأخذي نقودك.

٢٠- ترك إبراهيم الحقيبة ‌لأنَّه‌ لا يستطيع فتحها.

رابعًا: اِملأ الفراغ بالفعل المناسب:

١- أصبح إبراهيم غنيًا وأراد أن ـــــ (يبني) مسجدًا في قريته.

أ- يشتري ب- يبني ج- يفتح د- يبيع

٢- صاحبة الحقيبة ـــــ (نسيت)ها تحت الكرسي.

أ- تركت ب- تذكرت ج- قضت د- نسيت

٣- زوجة كارل وأولاده لا يريدون إعطاءه مصنعًا. لذلك (حاول) الانتحار.

أ- ذهب ب- بحث ج- حاول د- ساعد

٤- (كتب) إبراهيم رسالة لبيترا في الجريدة.

أ- أرسل ب- كتب ج- أعطى د- قرأ

٥- بعد أن أصبح إبراهيم غنيًا (تذكر) أمه.

أ- تذكر ب- نسي ج- ترك د- بحث

٦- عاش كارل مع إبراهيم وأصدقائه و ـــــ (قضى) معهم وقتًا جميلًا.

أ- قضى ب- دفع ج- أخذ د- وجد

٧- (علم) كارل أصدقاءه اللغة الألمانية.

أ- كلم ب- تعلم ج- علم د- تكلم

٨- لا يستطيع كارل أن (ينسى) أسرته.

أ- يتذكر ب- يترك ج- يجد د- ينسى

٩- يمكن أن (يدفع) إبراهيم ثمن تذكرة الحافلة.

أ- يشتري ب- يدفع ج- يحصل د- يبحث

١٠- أخو إبراهيم (انتظر)ه على الرصيف.

أ- انتظر ب- نظر ج- زار د- شاهد

خامسًا: اِملأ الفراغ بالكلمة المناسبة:

١- أحبت بيترا إبراهيم لأنه أمين

أ- أمين   ب- مسكين   ج- لص   د- شيطان

٢- تعيش أم إبراهيم في قرية

أ- مدينة   ب- قرية   ج- صحْراء   د- بحر

٣- دفع إبراهيم ثمن الرسالة من نقوده.

أ- كلام   ب- ثمن   ج- نفس   د- نوع

٤- لا يريد إبراهيم أخذ النقود لأن ذلك حرام

أ- مشغول   ب- مجنون   ج- شديد   د- حرام

٥- لا يستطيع الطلاب الجلوس في الشمس لأنها شديدة

أ- كبيرة   ب- جديدة   ج- كثيرة   د- شديدة

٦- إبراهيم وبيترا تكلما طوال الرحلة.

أ- قبل   ب- بعد   ج- طوال   د- داخل

٧- اشترت سمسيتا لمنصور نوعًا جيدًا من الملابس.

أ- نوعًا   ب- ثمنًا   ج- بعضًا   د- شيئًا

٨- يريد إبراهيم إعطاء بيترا حقيبتها بسرعة. لا يمكنه الانتظار حتى الأسبوع القادم.

أ- في   ب- من   ج- حتى   د- طَوالَ

٩- لا يأخذ إبراهيم نقود بيترا لأنه ليس لصًا

أ- مشغولًا   ب- لصًا   ج- عاملًا   د- حرامًا

١٠- بعد أن يموت كارل ربما يدخل الجنة

أ- السجن   ب- المستشفى   ج- الدكان   د- الجنة

سادسًا: إِملأ الفراغ بحرف جر مناسب من حروف الجر الآتية عند اللزوم (قواعد سهلويه ص٥٤):

إلى – بـ – على – عن – في – لـ – من – كـ

١- قام إبراهيم ----بِإرسال رسالة -إلى-- بيترا.

٢- لا يريد كارل الرجوع -إلى- أسرته.

٣- كارل متعب من التفكير ---في- طريقة لدفع النقود لإبراهيم.

٤- لا يستطيع إبراهيم السفر ----بِالطائرة لأنه فقير.

٥- بيترا سعيدة بسبب ركوبها ----بِجانب إبراهيم.

٦- إبراهيم يتكلم الألمانية ----كالألمان.

٧- وجد إبراهيم حقيبة تحت الكرسي. سأل نفسه: ----لِمَن هذه الحقيبة؟

٨- لا يقول إبراهيم أي شيء لأخيه -عن- الحقيبة التي وجدها.

٩- كارل يستطيع فتح هذا النوع من- الحقائب.

١٠- كارلا تكلمت مع إبراهيم ---كلص.

القصة الثالثة (٣١٢ كلمة)

رحلــة إلى المستقبل

استيقظ جمال الدين، أو رجع من الموت. هذه مفاجأة سعيدة له! نظر أمامه، لا أحد. نظر وراءه، لا أحد هنا. بحث في كل مكان. يرى الصحْراء فقط. جمال الدين خائف قليلًا لأنه جائع و**عطشان**. لا يرى طعامًا ولا ماءً. الجو حار والشمس شديدة لأننا في الصيف. مفاجأة أخرى! ضحك لأنه رأى بجانبه شيئًا يعرفه، شيئًا كان يلعب معه عندما كان صغيرًا، شيئًا قضى معه أوقاتًا سعيدة، شيئًا ساعده كثيرًا في **الماضي،** في حياته الماضية، عندما كان يعيش في بلده ومع **أهله،** وربما يريد مساعدته الآن أيضًا. رأى صديقه القديم بجانبه. رأى الكرسيَّ الطائر، كرسيًّا يركب عليه ويطير. سأل نفسه: هل مات هو أيضًا أم يعيش؟ هل رجع من الموت مثلي؟ هل يستطيع الطيران؟ هو لا يدري. هل يتذكره بعد كل هذه السنوات؟ لا يدري. نظر إليه ثم قال:

- السلام عليكم يا صديقي.

- وعليكم السلام يا سيدي.

- هل تسمعني؟ هل تراني؟

- طبعًا أسمعك وأراك. أنا سعيد جدًا بسبب ذلك. انتظرتك وقتًا طويلًا. الحمد لله أنك تعيش وأنك بخير.

- نعم، الحمد لله أننا بخير، ولكني جائع جدًا وعطشان جدًا. أريد أن أرى بلدي الحبيب. أريد رؤية مدينتي الحبيبة. أريد أن أكلم أهلها كلهم. من فضلك خذني إلى هناك بسرعة.

- كيف آخذك إلى هناك وأنت جائع وعطشان؟ يجب عليك الأكل والشرب أولًا ثم الذَهاب إلى هناك بعد ذلك.

- من فضلك أحضر لي بعض الطعام والماء.

- تعالَ نذهبْ معًا إلى مكان قريب به طعام وماء. اركب عليَّ كالأيام الماضية وسوف أطير بك إلى هناك.

****

قبل أن يقول هذا الكلام كان جمال الدين قد ركب على كرسيِّهِ الطائر. طار الكرسي بسرعة. قبل نصف ساعة كانا قد وصلا إلى قرية صغيرة بها طعام وماء. دخل جمال الدين دكانًا واشترى منه طعامًا وماء، ثم أكل وشرب. بعد ذلك قال لكرسيِّهِ الطائر:

- الحمد لله. الآن أنا لست جائعًا ولا عطشان. الآن يمكننا الذَهاب إلى مدينتي ورؤية أهلها وشوارعها ومبانيها وكل شيء فيها. سوف نقضي وقتًا سعيدًا هناك.

- طبعًا لا يمكن. انظر إلى ملابسك. أصبحت قديمة جدًا وليست نظيفة. قبل زيارتك بلدَك يجب أن تلبس ملابس جديدة وجميلة ونظيفة.

- من فضلك أحضر لي مثل تلك الملابس.

- عندي فكرة جيدة. تعالَ نذهبْ معًا إلى دكان ملابس لكي تشتريَ منه الذي تريده. اركب علي وسوف آخذك إلى هناك.

قبل قوله هذا الكلام كان جمال الدين قد ركب على كرسيه العجيب. طار بسيده إلى قرية قريبة، ولكنه نزل في مكان بعيد لكيلا يراه أحد. قال لصاحبه: لا تأخذني معك لكيلا يراني أحد. سوف أنتظرك هنا. عندما ترجع سوف تجدني هنا. مشى جمال الدين قليلًا إلى الدكان. ما هذا؟ الشوارع مختلفة والبيوت مختلفة والمباني مختلفة وكبيرة جدًا. هناك أنوار في كل مكان. بسبب تلك الأنوار أصبح الليل مثل النهار. كل شيء مختلف عن بلده. عندما رآه الناس الذين يمشون في الشارع ضحِكوا. سأله أحدهم: ما هذه الملابس العجيبة؟ هل أنت مجنون أم تعمل في فيلم عن قصة من قصص ألف ليلة وليلة؟ سأله آخر: هل أتيت من الماضي أم أنت علي بابا؟ قالت له امرأة: هذه ملابس عجيبة. من أين أشتري مثلها؟ جمال الدين المسكين لا يفهم سبب ضَحِكِهم، ولا يفهم

معنى أسئلتهم. ولذلك لا يقول شيئًا ولكنه غاضب قليلًا. عندما وصل إلى الدكان فتح بابه ودخل. صاحب الدكان أيضًا يريد الضحك، ولكنه لا يضحك لكيلا يَغضبَ هذا الرجل. قال لنفسه: ربما يكون مجنونًا. سأله:

- ماذا تريد؟

- من فضلك أريد ملابس.

- هذا دكان ملابس. ليس عندنا هنا أي شيء إلا الملابس.

- من فضلك أحضر لي ملابس جديدة ونظيفة.

- يمكنك شراء ملابس جيدة من هنا. عندنا كل أنواع الملابس. عندنا ملابس بيير كاردان وجورجيو أرماني وفالنتينو وأسماء أخرى.

- ما معنى هذا الكلام؟ أنا لا أفهم أي كلمة من كلامك. (جمال الدين لا يعرف تلك الأسماء).

- انظر إلى هذه الملابس. هي جميلة جدًا وليست غالية.

وفعلًا اشترى جمال الدين بعض الملابس الجديدة ثم لبسها وترك ملابسه القديمة على الأرض. قال له صاحب الدكان: لا تنسَ ملابسك القديمة. قال له جمال الدين: هي هدية لك. بعد دفع ثمن الملابس الجديدة أخذها وفتح باب الدكان وخرج منه. بعض الناس كانوا ينتظرون خارج الدكان لكي يشاهدوا هذا الرجل العجيب.

رجع إلى الكرسي الطائر وقال له: السلام عليكم. الكرسي لا يقول شيئًا. سأله: ما المشكلة؟ لا يتكلم. هل يلعب معه؟

- ماذا حدث لك يا كرسيِّيَ الحبيب؟ هل أنت كرسيِّي نفسه؟

- من أنت؟ ما اسمك؟

- أنا سيدك جمال الدين. أنت لا تعرفني؟

- بلى، بلى. أعرفك، ولكن ما هذه الملابس العجيبة التي تلبسها؟

- أنت الذي طلبت مني شراء ملابس جديدة قبل الذَهاب إلى بلدي.

حكى له بسرعة قصته الحزينة مع الناس الذين ضحكوا منه، ثم قال: والآن هل يمكننا الذَهاب؟

- لا، لا. ليس اليوم.

- متى نذهب؟

- ربما غدًا أو بعدَ غدٍ، إن شاء الله. الآن أنت متعب جدًا. يجب عليك النوم حتى الصباح. سوف نقضي اليوم هنا. عندي فكرة جيدة. تعالَ نذهبْ إلى فندق قريب لكي تنامَ فيه. اركب عليَّ وسوف آخذك إلى هناك.

وقبل قوله هذا الكلام كان جمال الدين قد ركب على الكرسي لأنه متعب جدًا. ربما نسي تَعَبه لأنه يريد زيارة بلده. مسكين جمال الدين. لا

يستطيع التفكير جيدًا بسبب تعبه. وصلا إلى الفندق، ونام جمال الدين على سريره حتى صباح اليوم التالي، ونام الكرسي بجانب سرير سيده.

****

في صباح اليوم التالي استيقظ جمال الدين مبكرًا. **صلّى** وأفطر وشرب قليلًا من الماء. لبِس ملابسه الجديدة التي اشتراها من قبل. هي جميلة جدًا. ثم خرج من الفندق بعد دفع الأجرة. قال للكرسي الطائر:

- بعد الأكل والشرب والنوم نستطيع الآن الطيران إلى بلدي.

- لا، لا يمكن. مستحيل. نحن الآن في الصيف والجو حار جدًا في مدينتك والشمس شديدة.

- ماذا تعني؟ عندما كنت جائعًا أكلت، وعندما كنت عطشان شربت، وعندما كنت متعبًا نمت. وبعد ذلك طلبت مني شراء ملابس جديدة وفعلت. اليوم تتكلم عن الحر والشمس. هل نسِيت أني عِشت طَوالَ حياتي في المدينة نفسها؟ أدري أن جوها حار جدًا في الصيف، وشمسها شديدة، وأن الحياة في مثل هذا الجو صعبة، ولكن هذه ليست مشكلة كبيرة. لن أموتَ بسبب الحر.

- عندي فكرة جيدة. انتظر حتى الشتاء. سوف يصبح الجو جميلًا في ذلك الوقت.

- لا، لا. من المستحيل أن أنتظر حتى الشتاء. لا أريد الانتظار ساعة واحدة ولا نصف ساعة. أنت اليوم لست الكرسي الطائر، بل الكرسي المجنون. أنت دائمًا تفكر في طريقة للانتظار.

- هذه القرية جميلة جدًا. لن تشاهدَ مثلها في عمرك. ربما لا نستطيع الرجوع إليها مرة أخرى. لذلك يجب علينا قضاء بعض الوقت فيها ورؤيتها جيدًا قبل تركها. ويجب أيضًا أن تزور أهلها. أنت لا تريدهم أن يغضبوا عليك بسبب تركك قريتَهم قبل زيارتهم. كل الناس يعرفون اسمك جيدًا.

- أحيانًا لا أفهمك. الآن لا أفهم ماذا تريد. سوف نشاهد القرية ونزور أهلها ثم نطير إلى مدينتي قريبًا، إن شاء الله.

- لا، ليس بسرعة. هذه القرية كبيرة وفيها أماكنُ جميلة كثيرة. لا يمكننا مشاهدة كل هذه الأماكن في يوم ولا في أسبوع ولا في شهر ولا في سنة واحدة. الناس هنا كثيرون. كلهم يريدون رؤية جمال الدين بعد رجوعه إلى الحياة. سوف نبني بيتًا صغيرًا لكي نعيشَ فيه ويزورَنا الناس فيه.

- لا أدري متى أستطيع فهمك! ربما بعد ألف سنة! أدفع نصف عمري لكي أفهمَك!!! قرية كبيرة... زيارات...ناس... بناء بيت...!!!

- في يومٍ منَ الأيام سوف تفهمني دون دفع نصف عمرك.

مسكين يا جمال الدين. يريد أن يرجع إلى بلده ويراه، ولكنه لا يدري متى الرجوع. هو لا يعرف الطريق. ربما يكون بعيدًا. لذلك لا يستطيع الرجوع وحده. الكرسي الذي يركب عليه لا يريد ذلك. دائمًا يفكر في طريقة للانتظار. جمال الدين لا يدري لماذا. لذلك لا يستطيع فِعْل أي شيء. لن يجدَ كرسيًّا آخر مثله. سوف ينتظر هنا حتى الشتاء.

****

كل يوم يذهبان معًا إلى مكان جديد. القرية جميلة جدًا. جمال الدين سعيد بمشاهدة هذه القرية، ولكنها مثل **السجن**. دائمًا يفكر في بلده وفي طريقة للرجوع إليه. قابل كثيرًا من الناس في الشوارع. الناس هنا ليسوا كالناس في بلده؛ يتكلمون بطريقة مختلفة ويلبسون ملابس مختلفة ويأكلون طعامًا مختلفًا. بعد بناء البيت فتح جمال الدين بابه لكل الناس. ناس كثيرون يدخلون وآخرون يخرجون. يأتي الناس لكي يزوروا جمال الدين، ويسألوه أسئلة كثيرة، ويقضوا معه وقتًا سعيدًا، ويسمعوا الآلاف من قصصه العجيبة. ويأتي إليه الأطفال أيضًا لكي يلعبوا معه. عندما يرى جمال الدين الناس سعداء يصبح هو أيضًا سعيدًا. انتظر جمال

الدين وقتًا طويلًا. الانتظار صعب. أصبح الجو جميلًا. في يومٍ منَ الأيام قال لكرسيه:

- شاهدنا كل مكان في هذه القرية. زرنا كل الناس وهم زارونا. أصبح الجو جميلًا. متى نرجع إلى مدينتي؟

- كل الناس في هذه القرية أحبوك كأخيهِم. وأنت أيضًا أحببتهم كإخوتك. يجب عليك ترك شيء كبير هنا لكي يتذكروك به دائمًا. ابنِ لهم مسجدًا لكي يصلّوا فيه. بعد بناء هذا المسجد لن يستطيعَ أحد منهم نِسْيانك.

- أبني مسجدًا؟ هذا مستحيل! ما هي الطريقة؟ من أين أحصل على تلك النقود؟ هل أسرق؟ طبعًا لا. هذا حرام. كنت غنيًا في حياتي الأولى. تذكّر أني أصبحت فقيرًا الآن. لا، لا أستطيع.

- بلى، تستطيع. أنت شاب صغير في السن وتستطيع العمل مثل كل الشباب لكي تحصلَ على النقود.

- أنت تطلب مني شيئًا صعبًا جدًا!

****

مرة أخرى وجد الكرسي سببًا للانتظار. ومرة أخرى لا يستطيع جمال الدين المسكين قول أو فعل أي شيء، إلا البحث عن عمل، ثم العمل. يعمل كثيرًا. يعمل ليلًا ونهارًا. بعد وقت طويل استطاع الحصول على

نقود لبناء مسجد صغير في القرية. اشترى الأرض في مكان جيد وفكر في فكرة جيدة لبنائه. قال لأهل القرية: تعالَوا ساعدوني. بنى المسجد بمساعدة الآلاف من شباب القرية. هؤلاء الشباب يحبون الخير. كثير منهم يعملون طَوالَ النهار. بعضهم يعملون بالليل. كل الناس سعداء بهذا المسجد وبالعمل في بنائه وبجمال الدين. شكروه وقالوا له:

- من فضلك لا تترُكْنا. نريدك أن تعيش معنا دائمًا وتكون **حاكمنا**. لن نجدَ حاكمًا جيدًا مثلك.

- شكرًا جزيلًا لكم كلكم. أنا أحبكم كإخوتي، ولكني لا أستطيع. يجب عليَّ الرجوع إلى بلدي. أريد قضاء حياتي في بلدي.

في اليوم التالي قال له الكرسي الطائر:

- سمعت أن هناك قرية قريبة من هنا. هي جميلة واسمها....

- من فضلك لا تقُلْ كلمة واحدة أخرى. لا تطلب مني الانتظار. لا تفكر في أي سبب جديد للانتظار لأني لن أنتظرَ يومًا واحدًا آخر. لن أقضيَ ساعة واحدة أخرى هنا. سوف أركب مركَبًا في البحر.

- أيَّ مركَب؟ أيِّ بحر؟ لا بحرَ قريبًا من هنا. هناك صحْراء فقط.

- سوف أسافر بأي طريقة. هل تأتي معي أم أسافر وحدي؟

****

وفعلًا لا يستطيع الكرسي أن يقول كلمة أخرى لأنه يخاف من غضب صاحبه. ركب جمال الدين. طار الكرسي ببطء شديد. هو يعرف الذي لا يعرفه جمال الدين المسكين. لذلك لا يريد الذَهاب إلى تلك المدينة. وصلا بعد خمس ساعات. هذا وقت طويل جدًا لأن الطريق ليس طويلًا. عندما يكون الكرسي سعيدًا يطير بسرعة. عندما يكون الكرسي حزينًا يطير ببطء. جمال الدين سعيد جدًا لأنه سوف يرى بلده، ويشرب ماءه، ويأكل طعامه، ويمشي على أرضه، وربما ينام عليها. ماء بلده ليس مثل أي ماء. طعام بلده ليس مثل أي طعام. هو يحب أرض بلده. وسوف يقابل كثيرًا من الناس الذين يعيشون في نفس المدينة. طبعًا كل الناس سوف يكونون سعداء بسبب زيارته. سوف يسألونه أسئلة كثيرة، وسوف يحكي لهم قصصه الجميلة كالماضي. سوف يتذكّر الأيام الماضية الجميلة. جمال الدين متعب، ولكنه لا يستطيع النوم في الطريق بسبب تفكيره في بلده. الآن يطير الكرسي فوق بلده. يراه جمال الدين من السماء. مفاجأة! مفاجأة حزينة جدًا لهذا الشاب المسكين! هذا البلد destruction مختلف عن البلد الذي يعرفه. ما هذا **الدمار**؟ ما هذا الموت؟ القتل في كل مكان. سأل كرسيَّه: ماذا يحدث؟ الكرسي لا يتكلم. هل هناك **حرب**؟. الكرسي لا يقول كلمة واحدة. جمال الدين يبكي بكاء شديدًا. الكرسي قال

لـه: مـن فضـلك يـا سـيدي لا تبكِ! نـزل جمـال الـدين مـن علـى الكرسـي ومشى على أرض مدينته وسأله مرة أخرى:

- مَن فعل هذا؟ هل هم **المغول**؟

- لا يا سيدي. المغول ماتوا. الذي يموت من المستحيل رجوعُه إلى الحياة على هذه الأرض مرة أخرى.

- أنا مِت ورجعت إلى الحياة مرة أخرى. كيف حدث هذا؟

- نعم رجعت، ولكن لا تسألْني أنا كيف حدث هذا، بل اسأل كاتب هذه القصة.

- لن أسألَه ولن أكلمَه. أنا لا أريد رؤيته، ولا أريد سماعه. أنا لا أحب هذا الرجل. أنا **أكرهه**. أنا أكرهه كراهية شديدة.

- لماذا تكرهه؟ هذه الحرب وهذا الموت وهذا الدمار الذي تراه ليست بسبب هذا الكاتب.

- بسبب من هي؟ هل هم مغول جُدُد؟

- يمكنك قول هذا.

- مَن هم هؤلاءِ المغول الجُدُد؟ مِن أين أتَوا؟ متى أتَوا؟ كيف أتَوا؟ ماذا يريدون؟

- أتَوا من كل مكان. أتَوا من السماء ومن الأرض ومن البحر. أتَوا بالطائرات وبالمراكِب وبالسيارات. أتَوا لأن بلدك غني.

- كان بلدي دائمًا غنيًا.

- وكان دائمًا بلدًا **قويًا**. الآن أصبح بلدًا مختلفًا. الآن هو ليس قويًا. المغول الجُدُد يريدون الذهب **الأسود**.

- أنا أعرف الذهب، ولكن ما معنى الذهب الأسود؟

- شيء يضعه المغول الجدد في مصانعهم وسياراتهم وبيوتهم.

- يقتلون الناس ويدمِّرون البيوت بسبب الذهب الأسود؟

- لا حياةَ الآن بدون الذهب الأسود.

- هذا حرام.

- هؤلاءِ لا يفهمون الحرام.

- نحن عِشنا طَوالَ السنوات دون الذهب الأسود. ولكن لماذا لا يفكرون في طريقة أخرى للحصول عليه؟ لماذا لا يشترونه؟

- هؤلاءِ المغول الجدد ككثير من الناس في هذه الأيام يحبون النقود جدًا. النقود هي كل حياتهم. يفكرون فقط كيف يصبحون أغنياء جدًا، ويصبح الآخرون فقراء جدًا. يمكنهم شراء الذهب الأسود **بدم** الناس أو بأي ثمن إلا النقود.

- ولكن الآلاف من أبنائهم يموتون أيضًا. هذا ثمن غالٍ جدًا.

- لا مشكلة عند حُكَّامهم أن يموت أبناء هذا البلد أو يموت أبناؤهم هم بسبب الذهب الأسود.

- هل هؤلاء المغول أغنياء أم فقراء؟

- بلادهم غنية، ولكن أهلها منهم الغني ومنهم الفقير. كثير منهم يعيشون تحت **خط** الفقر.

- لماذا لا يعطي الغني الفقير؟

- الأغنياء هناك لا يحبون الفقراء ولا يحبون الخير. يريدون نقودًا فوق نقودهم. الفقراء مساكين يبحثون عن الطعام في القُمامة. أحيانًا يسرقون لكي يذهبوا إلى السجن لأنهم يجدون الطعام في السجن ولا يجدونه خارجه. كثير من فقرائهم ليس عندهم بيوت.

- ماذا تقول؟ كيف يعيشون بدون بيوت؟ هذا مستحيل. أين ينامون هم وزوجاتهم وأولادهم؟

- ينامون ويقضون حياتهم كلها في الشارع أو في أماكن القمامة ليلًا ونهارًا، صيفًا وشتاءً، في الحر وتحت **المطر**. عندما يصبحون مرضى لا يمكنهم الذَهاب إلى المستشفى لأنهم لا يمكنهم دفع أجرته. ليس عندهم نقود يدفعونها. لا يجدون ثمن **الدَواء**.

****

مشى جمال الدين في شوارع المدينة. نظر أمامه وبجانبه ووراءه. الشوارع مدمرة، والبيوت مدمرة، والمساجد مدمرة، والمستشفيات مدمرة والجامعات مدمرة. الدمار في كل مكان. هناك أطفال بدون أب أو

أم أو بيت. هناك نساء دون أزواج ورجال دون زوجات. المغول الجدد قتلوا كثيرًا من الناس ووضعوا آلافًا من الآخرين في سجن اسمه "السجن العجيب"؛ رجالًا ونساءً وأطفالًا. لا عمل للرجال. لا **لبن** للأطفال. لا دواء للمرضى. لا نور في الشوارع ولا في البيوت. لا طعام للجائعين. لا ماء نظيفًا. ماذا حدث؟ ماذا يحدث؟ هل هؤلاءِ المغول الجدد ناس أم شياطين؟ من المستحيل أن يكونوا ناسًا. ربما أصبحوا شياطين بعد كل هذا القتل والدمار. سأل الكرسي الطائر:

- ماذا فعل الناس عندما دخل المغول الجدد بلدنا؟

- بعضهم أصبحوا حزانى ولذلك قتلوهم، وبعضهم أصبحوا سعداء ولذلك ساعدوهم، وبعضهم أصبحوا خائفين ولذلك تركوا بلدهم وسافروا إلى خارجه، وبعضهم لا أصبحوا سعداء ولا حزانى ولذلك لا يفعلون شيئًا.

- أنا أفهم أن يصبح بعضهم حزانى وخائفين، ولكن لا أفهم كيف يصبح بعضهم سعداء ويساعدون المغول الجدد؟

- عندما أتى المغول الجدد كان هناك حاكم **ظالم**. كثير من الناس كانوا يكرهونه. ولذلك أصبحوا سعداء وساعدوا المغول الجدد لكي يقتلوه.

- قتلوا الحاكم الظالم وقتلوا آخرينِ وسرقوا البلد. هذا حرام.

- قلت لك من قبل إنَّ هؤلاءِ المغول الجدد لا يفهمون الحرام.

****

مشى جمال الدين حزينًا في الشوارع؛ نفس الشوارع التي كانت جميلة ونظيفة في الماضي. قابل أحد المغول الجدد. سأله:

• لماذا تقتلون الناس كالحيوانات؟

- نحن لا نقتلهم، بل هم الذين يقتلوننا.

• هل سافروا إلى بلادكم لكي يقتلوكم؟

- طبعًا لا، ولكنهم يكرهوننا.

• لماذا يكرهونكم؟

- لأننا نريد مساعدتهم. عندما أتينا أحضرنا معنا **الحرية**، ولكن هؤلاءِ الناس يكرهون الحرية.

• هل تعني الحرية القتل والدمار؟ هل تسرقون بلدنا باسم الحرية؟

- سوف تكون هناك حرية قريبًا. أنتم لا تستطيعون الحياة بدون حرية. بالحرية سوف يصبح بلدكم جنة، وأنتم سوف تصبحون أصدقاءنا.

• بلدنا يصبح جنة بعد أن تقتلوا نصف أهله؟ نحن نصبح أصدقاءكم بعد أن تسرقوا نقودنا؟

- نحـن لا نقتـل إلا الـذين يكرهوننـا. لا أدري لمـاذا يكرهوننـا. نحن نحب الخير.

• عنـدي فكـرة جيـدة. اتركـوا بلادنـا وارجعـوا إلـى بلادكـم، وخـذوا معكم طائراتكم ومراكبكم وسياراتكم. بعد ذلك لن يقتلَكم أحد.

- لا، لن نرجعَ إلـى بلادنا قريبًـا. ربما نرجع بعد ألف سنة. نحن نريـد مسـاعدتكم. أنـتم لا تفهمـون ذلـك. يجب أن تسـاعدونا أنتم أيضًا. لماذا أنتم حزانى؟ يجب أن تكونوا سـعداء. يجب عليكم أن تشكرونا ألف مرة. يجب أن تشكرونا طَوالَ عمركم.

****

هذا الرجل يفكر بطريقة عجيبة، بل بطريقة مجنونة. جمال الدين لا يريد التكلم معه. تركه ومشى في الشوارع. قابل مغولية جديدة. لا يريد التكلم معهـا أيضًا، ولا يريد أن يسـألها نفس الأسـئلة لأنها سـوف تقول ذلك الكلام العجيب نفسه. رآها تضحك مع الأطفال الذين في الشارع، وتلعب معهم، وتعطيهم بعض الطعام. الأطفال لا يخافون منها. سألها:

• كيف تقتلين البعض، وتعطين البعض الآخر طعامًا؟

- أنـا لا أقتـل أحدًا. أنـا لسـت كالآخرين. أنـا لا أحـب هذه الحـرب المجنونة.

• لماذا أتيتِ إلى بلادنا؟

- هنـاك مشـكلات كثيـرة فـي بلادنـا. الآلاف مـن الشـباب فقـراء، ويعيشون دون عمل. قالوا لنا تعالَوا إلـى الحرب وسوف نعطيكم نقودًا كثيرة. بعد رجوعكم يمكنكم الذَهاب إلى المستشفى ودخـول الجامعـة دون نقـود. لـذلك أتيت وأتـى كثيـر من الشباب والشـابات الذين لا يجدون عملًا آخر.

- أنتم أتيتم بسبب النقود؟

- نعم. أتينا بسبب النقود فقط.

- هل هذه فكرة جيدة؟ هل هذه طريقـة جيدة للحصـول علـى النقـود؟ بسبب النقود تقتلون الناس؟

- نحن لا نحب القتل. أنا لا أستطيع قتل كلب أو قط. كثيـر مـن أهل بلدي يكرهون القتل، ويكرهون الحرب. حاكمنـا المجنـون وبعض الأغنيـاء وأصحاب الشـركات فقط هم الـذين يحبـون الحـرب. أنـا حزينـة جدًا. أحيانًـا أريـد أن أقتـل نفسـي. أريـد أن أنتحـر. سـوف أرجـع إلـى بلـدي قريبًـا إن شـاء الله وأتـرك هـذه الحـرب المجنونـة وأبحث عن عمل آخر.

****

سأل الكرسي الطائر:

- ماذا يحدث بعد ذلك؟ متى يرجع هؤلاءِ المغول الجدد إلى بلادهم؟

ـ ليس قريبًا. ربما بعد سنوات. ولكن هؤلاء الظالمون سوف يتركون بلدك إن شاء الله. لا تخف. لا تبكِ. بلدك لن يموتَ، بل سوف يعيش. الطريق طويل وصعب، ولكن **المستقبل** لنا. الناس لن يخافوا ولن يتركوا هؤلاءِ في بلدهم. سوف يكون بلدك سجنًا لهم. عندما يخرجون من البلد/ السجن سوف تكون سعيدًا وسوف يكون الناس كلهم سعداء. وسوف يصلّون لله شكرًا.

معاني الكلمات

English	Français	Español	Deutsch	
people	peuple	gente	Volk	أهْل
war	guerre	guerra	Krieg	حَرْب، حُروب
freedom	liberté	libertad	Freiheit	حُرّية
ruler	gouverneur	gobernador	Herrscher	حاكم
line	ligne	línea	Linie	خَطّ
destroy	détruire	destruir	vernichten	دمّر
blood	sang	sangre	Blut	دَم
medicine	médicament	medicina	Medikament	دَواء
prison	prison	cárcel	Gefängnis	سِجْن
black	noir	negro	schwarz	أسود
month	mois	mes	Monat	شَهْر، شُهور
pray	prier	rezar	beten	صلّى
tyrant	tyran	tirano	Tyrann	ظالم
thirsty	assoiffé	sediento	durstig	عَطْشان
Mongols	Mongols	Mongoles	Mongolen	مَغول
future	futur	futuro	Zukunft	مُسْتَقْبَل
strong	fort	fuerte	stark	قَوِيّ
hate	détester	odiar	hassen	كره (ـَ)
milk	lait	leche	Milch	لَبَن
past	passé	pasado	Vergangenheit	ماض

رحلة إلى المستقبل

التمرينات

أولًا: اِملأ الفراغ بالمصدر المناسب. لاحظ (الـ) (قواعد سهلويه ملحق ١٨، ١٩ ص٢٨٢، ٢٨٣):

١- الناس يضحكون من ملابسه، ولكنه لا يستطيع ---- (فهم) سبب ضحكهم.

٢- يريد الرجوع إلى بلده الآن، ولكن الكرسي طلب منه ---- (الانتظار) حتى الشتاء.

٣- لا يريد جمال الدين ---- (قضاء) وقت طويل بعيدًا عن بلده.

٤- لا يمكن ---- (الرجوع) من الموت إلى الحياة على هذه الأرض.

٥- لا يمكن جمال الدين السفر قبل ---- (زيارة) أهل القرية.

٦- جمال الدين سعيد بـ---- (زيارة) كل الأماكن الجميلة في القرية.

٧- يذهب بعض الفقراء للـ---- (بحث) عن طعام في القُمامة.

٨- بعد وقت طويل استطاع جمال الدين ---- (الحصول) على نقود لبناء مسجد.

٩- تريد إحدى المغوليات الجديدات ---- (ترك) الحرب والبحث عن عمل آخر.

١٠- يريد جمال الدين ---- (رؤية) بلده الحبيب.

ثانيًا: إضافة (ض) أم صفة وموصوف (ص)؟ (قواعد سهلويه ص٢٤)

وراء الدكان (ض)	الذهب الأسود (ص)	غضب شديد (ص)
عند صديق (ض)	مع الناس (ض)	طفل جائع (ص)
المغول الجدد (ص)	أمام المسجد (ض)	فكرة مستحيلة (ص)
خارج المستشفى (ض)	داخل السجن (ض)	كرسيه (ض)

ثالثًا: إملأ الفراغ بالكلمة المناسبة من الكلمات الآتية (قواعد سهلويه ص١١٦):

لكي/ لكيلا - لأنَّ (+ ضمير) - (بـ)سبب - (و)لذلك

١- نزل الكرسي في مكان بعيد لكيلا يراه أحد.

٢- لا يعرف جمال الدين الطريق إلى بلده. لذلك لا يستطيع الرجوع وحده.

٣- بعض أهل بلد جمال الدين ساعدوا المغول الجدد لأنهم أصبحوا سعداء.

٤- الآلاف من شباب المغول الجدد بدون عمل، ولذلك ذهبوا إلى الحرب.

٥- جمال الدين سعيد بسبب رؤية كرسيه.

٦- الكرسي يعرف الذي لا يعرفه جمال الدين، ولذلك لا يريد الرجوع.

٧- لا يستطيع جمال الدين الرجوع إلى بلده وحده لأنه لا يعرف الطريق.

٨- لا يفهم جمال الدين سبب ضحك الناس، ولذلك لا يقول شيئًا.

٩- ذهب الآلاف من شباب المغول الجدد إلى الحرب لأنهم يعيشون بدون عمل.

١٠- يدفع جمال الدين نصف عمره لكي يفهم كرسيه.

١١- لا يستطيع جمال الدين التفكير جيدًا بسبب تعبه.

١٢- لا يضحك صاحب الدكان لكيلا يغضب جمال الدين.

١٣- قال جمال الدين إنه لن يموت بسبب الحر.

١٤- ينتظر الناس خارج الدكان لكي يشاهدوا هذا الرجل العجيب.

١٥- الحرب والقتل ليسا بسبب الكاتب.

١٦- لا يستطيع جمال الدين التفكير جيدًا لأنه متعب.

١٧- بعض أهل البلد أصبحوا سعداء. لذلك ساعدوا المغول الجدد.

١٨- هل سافر أهل بلد جمال الدين إلى بلاد المغول الجدد لكي يقتلوهم؟

١٩- يقتل المغول الجدد الناس بسبب الذهب الأسود.

٢٠- لا يقول جمال الدين شيئًا لأنه لا يفهم سبب ضحكهم.

رابعًا: اِملأ الفراغ بالفعل المناسب:

١- غضب رشيد لأن كوتوموتو ----- القطة.   *طبخت*

أ- دمرت   ب- طبخت   ج- سرقت   د- كرهت

٢- المغول الجدد ----- المساجد في بلد جمال الدين.   *دمروا*

أ- فتحوا   ب- بنَوا   ج- دمروا   د- أغلقوا

٣- يبني المسلمون المساجد لكي ----- فيها.   *يصلوا*

أ- يعيشوا   ب- يصلُّوا   ج- يلعبوا   د- يناموا

٤- المغولية الجديدة تريد أن ----- هذه الحرب المجنونة وتبحث عن عمل آخر.   *تترك*

أ- تترك   ب- تكره   ج- تذهب   د- تغلق

٥- دائمًا يفكر الكرسي الطائر في فكرة لكي ----- جمال الدين في البلد الآخر.   *ينتظر*

أ- ينظر   ب- يترك   ج- يجلس   د- ينتظر

٦- المغول الجدد ----- الذهب الأسود في مصانعهم وسياراتهم وبيوتهم.   *يضعون*

أ- يضعون   ب- يقعون   ج- يقضون   د- يتركون

٧- رشيدة لا ----- الرجال الكاتلانديين، ولكنها تراهم مختلفين.   *تكره*

أ- تحب   ب- تتزوج   ج- تكره   د- تفهم

٨- بعض المغول الجدد ----- حياتهم في الشوارع أو صناديق القُمامة.   *يقضون*

أ- يسكنون   ب- يعطون   ج- يبنون   د- يقضون

٩- بعض أهل البلد ساعدوا المغول الجدد لأنهم ----- حاكمهم الظالم.   *يكرهون*

أ- يغضبون   ب- يكرهون   ج- يساعدون   د- يتركون

١٠- قال المغول الجدد: نحن ----- الخير.   *نحب*

أ- نحب   ب- نعطي   ج- نكره   د- نأخذ

٨٥

خامسًا: إملأ الفراغ بالكلمة المناسبة:

السجن

١- أرسل المغول الجدد الرجال والنساء إلى ----- العجيب.

أ- المسجد ب- المستشفى ج- الدكان د- السجن

٢- المغول الجدد مثل دراكيولا يعيشون بـ الدم.

أ- الماء ب- الدم ج- العصير د- اللبن

٣- لا يريد المغول الجدد شراء الذهب الأسود لأنه عالٍ.

أ- غني ب- قديم ج- غالٍ د- رخيص

٤- قال أحد المغول الجدد: عندما أتينا أحضرنا معنا الحرية ولكن أهل بلدك يكرهونها.

أ- الحرية ب- الصحة ج- الحياة د- الجنة

٥- يرى جمال الدين أنَّ المغول الجدد يفكرون بـ طريقة عجيبة.

أ- رسالة ب- طريقة ج- كراهية د- مفاجأة

٦- بعد وصول المغول الجدد لا يجد المرضى الدواء.

أ- الكراهية ب- القُمامة ج- الدواء د- السجن

٧- يرى بعض المغول الجدد أنَّ أهل البلد ----- لأنهم سوف يعيشون بحرية.

محظوظون

أ- مساكين ب- ظالمون ج- مجانين د- محظوظون

٨- يرى جمال الدين أن بعض المغول الجدد ناس من نوع مختلف.

أ- نوع ب- ثمن ج- سبب د- شيء

٩- أتت طائرات المغول الجدد من السماء.

أ- السماء ب- الأرض ج- البحر د- الشتاء

١٠- يريد المغول الجدد الحرب دائمًا لكي تعمل مصانعهم.

أ- بيوت ب- مستشفيات ج- مصانع د- سيارات

القصة الرابعة (٣١٤ كلمة)

رحلـة إلى المدينة الفاضلة

جمال الدين حزين بسبب المشاكل التي رآها في بلده. أهل بلده حزانى أيضًا لنفس السبب. من يحب أن يرى القتل والدمار أمامه ووراءه وفي كل مكان في بلده؟ طبعًا لا أحد. هو لا يدري ماذا يجب عليه فعله. في يومٍ منَ الأيام قال لكرسيه:

- سوف نترك هذا البلد ونسافر إلى بلد آخر.

- لا يمكن. مستحيل. ما هذا الكلام الذي أسمعه؟ هل أنت جمال الدين الذي أعرفه أم أنت شخص آخر؟ نحن لن نذهبَ إلى أي مكان آخر.

- بلى، سوف نذهب. لا أستطيع فعل أي شيء الآن.

- بلى، تستطيع. يجب عليك مساعدة أهل بلدك. حاول مساعدتهم بأي طريقة ولا تخف من أي شيء.

- ليس من السهل أن **أرمي** المغول الجدد في البحر وحدي. كيف أساعدهم؟

- لا تسألني أنا، بل اسأل نفسك. تذكر أن هذا هو بلدك الحبيب الذي عشت فيه دائمًا، وأن هؤلاء هم أهل بلدك الأحبّاء.

- نعم، نعم، أتذكر. هذا شيء لا يمكنني نسيانه، ولكن ليست هناك طريقة سهلة لمساعدتهم. وأنا لا أعرف هؤلاء الناس جيدًا، ولا هم يعرفونني جيدًا لأني أتيت من الماضي البعيد.

- بلى، تعرفهم وهم يعرفونك. ويعرفون أيضًا أنك تحب بلدك جدًا، وأنك لن تتركَهم وحدهم، وأنك لن تنساهم.

- لا، لن أنساهم. سوف أتركهم سنة أو سنتين فقط. لن أقضيَ وقتًا طويلًا خارج بلدي. بعد ذلك سوف أرجع مرة أخرى وأقف بجانبهِم، إن شاء الله. عندما أرجع سوف أستطيع مساعدتهم جيدًا.

- إلى أين تذهب؟ متى ترجع؟

- لا أدري. من فضلك خذني إلى أي مكان ليس به مشكلات ولا حرب بسبب النقود ولا قتل بسبب الكراهية ولا سرقة باسم الحرية.

- طبعًا لن تجدَ الذي تريده. ليس هناك أي مكان مثل هذا لا فوق الأرض ولا تحت البحر. هذا المكان في الجنة فقط. يجب أن تموت أولًا وتذهب إلى الجنة لكي تجدَ مثل هذا البلد الذي تريده، ولكني لا أريدك أن تموت قبل أن تساعد أهلك.

- بلى، يمكن أن نجد مثل هذا البلد فوق هذه الأرض. هناك دائمًا الكثير من الناس الذين يحبون الله ويحبون الخير. تعالَ نبحثْ معًا في كل مكان، وإن شاء الله سوف نجد مكانًا جيدًا.

****

في اليوم التالي استيقظ جمال الدين مبكرًا. صلى وأفطر وشرب قليلًا من الماء ولبس ملابس نظيفة، ثم ركب على كرسيه الطائر لكي يسافرَ. إلى أين يسافر؟ لا يدري. لماذا يسافر؟ لا يدري. متى يرجع؟ لا يدري. أحيانًا لا يستطيع التفكير جيدًا. طار الكرسي إلى السماء. نظر جمال الدين إلى بلده. بكى المسكين وقال له: مع السلامة يا بلدي الحبيب. من الصعب عليَّ أن أتركك. كنتَ سعيدًا **أمسِ** وأصبحتَ حزينًا اليوم. كيف تصبح غدًا؟ سعيدًا أم حزينًا؟ قويًا أم **ضعيفًا؟** فقيرًا أم غنيًا؟ متى يخرج منك المغول الجدد؟ أنا أيضًا حزين لأني يجب أن أتركك بسبب الحرب، ولكني سوف أرجع إليك مرة أخرى قريبًا إن شاء الله. عندما أرجع سوف تكون سعيدًا كالماضي وسوف يكون أهلك أيضًا سعداء.

****

طار الكرسي الطائر فوق بلاد كثيرة. بحث عن البلد الذي يريده سيده. نظر أمامه ووراءه. بحث هنا وهناك، بحث في كل مكان، بحث فوق الأرض وتحت البحر، ولكن ليس من السهل أن يجد البلد الذي يبحث عنه. كثير من البلاد بها حروب وفقر ومرض وكل أنواع المشاكل طَوالَ الوقت. هذا شيء عجيب! ما هذا الذي يحدث على الأرض؟ كان الناس سعداء في الماضي. أين الخير؟ أين أنتم يا أهل الخير؟ هل أنتم سعداء الآن؟ القوي يأكل الضعيف. الغني يسرق الفقير. الشيطان يعمل

ليلًا ونهارًا بدون تعب. هناك الكثير من المشكلات على الأرض بسبب الشيطان وأمثاله من الناس. الحياة الآن مختلفة عن الحياة في الماضي. أهل الخير يشاهدون الذي يحدث أمامهم ولا يدرون ماذا يفعلون أو ربما لا يستطيعون فعل أي شيء لأنهم ضعفاء أو ربما لا يريدون فعل شيء لأنهم مشغولون بالبيع والشراء. مساكين هؤلاء الناس. متى يستيقظون؟ متى يفهمون؟

****

بعد ساعات طويلة من السفر والبحث قال جمال الدين لكرسيه: الآن أنا متعب من الركوب وجائع وعطشان أيضًا. من فضلك انزل في أي مكان لكي آكلَ وأشربَ وأنامَ، وغدًا إن شاء الله سوف نبحث عن البلد الذي نريده. وفعلًا نزل الكرسي الطائر إلى الأرض. رآه أحد الأشخاص الذين يمشون في الشارع. سأل نفسه: هل تُمطر السماء كراسيَّ أم أنا أصبحت مجنونًا؟ كان يجب أن ينزل في مكان بعيد لكيلا يراه الناس. بحث جمال الدين عن فندق قريب في هذه المدينة ولكنه لا يجد، لا قريبًا ولا بعيدًا. سأل رجلًا يمشي في الشارع:

- من فضلك أين أجد فندقًا قريبًا من هنا؟
- فندق؟ ما معنى فندق؟

- مكان مثل البيت، ولكنه بالأجرة. فيه غرف وفي كل غرفة سرير أو سريران أو ثلاثة سُرُر. ينام الناس في غرفة من غُرَفه بعض الوقت ويدفعون النقود ثم يذهبون.

- نعم، نعم. الآن تذكرت. أنا قرأت هذه الكلمة في قصة قديمة. نحن ليس عندنا فنادق. الذي يزور مدينتنا يمكنه النوم في أي بيت من بيوت الناس. في كل بيت هناك غرف للزوار.

- ولكني لست من هذه المدينة. وصلت أمسِ فقط. لا أعرف أحدًا وليس لي أصدقاء هنا.

- من فضلك لا تقُلْ هذا الكلام. كل أهل المدينة أصدقاؤك. أنا أيضًا صديقك. من فضلك تذكر هذا دائمًا. عندي بيتان. تفضل نَم في أي بيت من هذين البيتين. يمكنك أن تقضي فيه الوقت الذي تريده.

- ولكن...
- لا مشكلة. الحياة في مدينتنا سهلة. سوف أكون سعيدًا عندما تنام في بيتي.

جمال الدين المسكين لا يدري ماذا يقول. نحن الآن في الليل، وهو متعب، ولن يجدَ فندقًا لأنه ليس هناك فنادق. لذلك لا يستطيع أن يقول لا. شكره وقال له: نعم، سوف أنام في بيتك. ركب الرجل سيارته وركب

جمال الدين بجانبه وطار الكرسي فوقهما. أخذه الرجل إلى بيته. جلس قليلًا معه وتكلم معه كأخيه، ثم قال له: سوف أزورك غدًا، إن شاء الله. مع السلامة. فتح الباب وخرج من البيت ثم أغلق الباب مرة أخرى.

****

حاول جمال الدين النوم، ولكنه لا يستطيع لأنه جائع وعطشان. أنت مسكين يا جمال الدين. لذلك خرج من البيت لكي يبحثَ عن مطعم بجانب البيت يأكل فيه ويشرب. بحث هنا وهناك، بحث في كل مكان، ولكنه لا يجد أي مطعم. سأل رجلًا يمشي في الشارع:

- من فضلك أين أجد مطعمًا قريبًا من هنا؟
- مطعم؟ ما معنى مطعم؟
- مكان به طاولات وكراسيٌّ وطعام ومشروبات، يجلس فيه الناس ويأكلون ويشربون، ثم يدفعون ثمن الطعام والمشروبات ويخرجون.
- نعم، نعم. الآن تذكرت. أنا سمعت هذه الكلمة في فيلم قديم، ولكن نحن ليس عندنا مطاعم في مدينتنا. الذي يريد أن يأكل خارج بيته يمكنه الأكل في أي مسجد، أو في بيت أي صديق.
- ولكننا في الليل الآن. كل المساجد مغلقة. وأنا لست من أهل هذه المدينة. لا أعرف أحدًا هنا وليس لي أصدقاء.

- من فضلك لا تقُلْ هذا الكلام لكيلا أغضبَ. من يزُر مدينتنا يصبحْ صديقنا. أنت صديقي وأنا صديقك، بل أنت أخي وأنا أخوك. من فضلك زُرْني وكُلْ معي.

• ولكن...

- لا مشكلة، لا مشكلة. الحياة في مدينتنا سهلة. سوف أكون سعيدًا عندما تأكل معي.

جمـال الدين جائع ولا يجد أي مطعم لأنـه ليس هنـاك مطـاعم في هذه المدينة العجيبة. أنت مسكين يا جمال الدين. لذلك لا يستطيع أن يقول لا. شـكر الرجل وقال لـه: نعم، سوف آكل معك في بيتك. أصبح الرجل سعيدًا وأخذه إلى بيته. أعطاه أنواعًا كثيرة من الطعام والمشروبات. بعد الأكل جلسا معًا يتكلمان ويشربان الشاي. قال له جمال الدين:

• مدينتكم مدينـة عجيبة وأنتم نـاس عِجاب. ليس هنـاك مطـاعم ولا فنادق. ما سبب ذلك؟ هل أنتم كلكم فقراء ولذلك لا تستطيعون دفع ثمن الطعام الغالي في المطعم ولا أجرة الفندق؟

- لا يا أخـي الحبيب. لسنا كلنا فقراء، بـل نحـن أغنياء. في هذه المدينـة كل النـاس يحبون الآخرين ويسـاعدونهم. لذلك لن تجدَ

فقيرًا واحدًا. ثم إن المساجد لا تغلق في الليل. هي مفتوحة طَوالَ اليوم.

جمال الدين سعيد جدًا بالطعام وبهذا الكلام الجميل وبهذه المدينة. شكر صديقه وخرج من بيته ورجع إلى بيت "صديقه" الآخر ونام حتى الصباح.

****

في اليوم التالي استيقظ مبكرًا. رأى كرسيه بجانبه. قال له: أريد أن أرى هذه المدينة العجيبة. تعالَ نخرجْ معًا لكي نشاهدَ كل مكان فيها. وفعلًا خرجا معًا. الكرسي طار بسيده قليلًا ثم نزل على الأرض بعيدًا عن الناس هذه المرة لكيلا يراه أحد. قال لصاحبه: عندما ترجع سوف تجدني وراء هذا البيت الكبير، ولكن لا تذهب بعيدًا. مشى جمال الدين في الشوارع. ذهب إلى بعض الدكاكين. كل الدكاكين التي دخلها نظيفة جدًا وجميلة جدًا، مثل كل شيء في المدينة، ولكن ما هذا؟ أين البائعون؟ هل هم داخل الدكاكين أم خارجها؟ هو لا يراهم. لا بائع في الدكاكين التي دخلها. من يرِد شراء شيء يأخذْه ويضعْ نقوده في **صُندوق** كبير للنقود بجانب باب الدكان، ثم يخرج. سأل جمال الدين أحد المشترين داخل أحد الدكاكين التي دخلها:

- من فضلك أين البائع؟

- لا بائع هنا. أنت لا تدري ماذا تريد؟

- بلى، ولكني أريد رؤية البائع. متى يأتي؟

- هل أتيت لكي تشتريَ شيئًا أم لكي ترى البائع؟

- طبعًا أتيت لكي أشتريَ بعض الأشياء، ولكني أريد رؤية البائع لكي أعطيَه نقوده.

- تعطيه نقوده؟ لماذا؟ هناك صندوق كبير للنقود بجانب الباب. يمكنك وضع النقود فيه. صاحب الدكان كان هنا أمسِ. هو يأتي كل أسبوع أو أسبوعين لكي يأخذَ نقوده. سوف يأتي الأسبوع القادم، إن شاء الله.

- لماذا لا يأتي كل يوم؟

- أنت تطلب شيئًا صعبًا. هو ليس بصحة جيدة، بل مريض. لا يمكنه الإتيان كل يوم بسبب مرضه. هو يأتي فقط عندما يريد نقوده، وعندما لا يريدها لا يأتي. وعندما يكون مشغولًا يطلب من أي شخص أن يرسلها إليه. الحياة هنا سهلة. ما المشكلة؟

- ربما يسرق أحد نقوده.

- طبعًا أنت لست من هذه المدينة. في هذه المدينة لا أحد يسرق شخصًا آخر. ليس عندنا لصوص.

• هذا شيءٌ عجيب!

****

خـرج جمـال الـدين مـن الـدكان وهـو سـعيد جدًا بسبب أمانـة أهل هـذه المدينة. مشى في الشوارع. قابل شخصًا حزينًا. سأله عن سبب حزنـه. ربما يستطيع مساعدته. قال له:

• أنا حزين لأني غني جدًا وعندي نقود كثيرة والحمد لله.

- هذا سبب قوي للحزن!!!

• لا، لا. أنا لا أعني هذا. أعني أني أريد أن أدفع **الزكاة**، ولكنـي لا أستطيع.

- المشكلة في بلدي هـي أنَّ الغنـي لا يريـد دفـع الزكـاة، ولكنك تريـد ذلك. ما مشكلتك؟

• أنت لا تفهمني. أنا أريد دفع الزكاة، ولكني لا أجد فقيرًا واحدًا في هذه المدينة يأخذ زكاتي. لذلك تراني حزينًا.

- طبعًا لا أفهمك. مـا معنـى كلامك؟ مـا معنـى أنك لا تجـد فقيـرًا واحدًا؟

• بحثت عن الفقراء في البيوت. لا أحد. سألت النـاس الذين يصلـون في المسجد. لا أحد. كتبت رسـالة للفقراء في الجريدة. لا أحد. حاولت أن أجدهم بـأي طريقـة. لا أحد. أين هم؟ لا أدري. كيف

أجدهم؟ لا أدري. من فضلك ساعدني. لن أدخلَ الجنة قبل دفع الزكاة. ماذا أفعل؟

- عندي فكرة جيدة. لماذا لا تساعد الشباب بالنقود لكي يتزوجوا؟

• هذه فكرة جيدة. كيف نسِيتُ هذا؟ سوف أفعل ذلك. سوف أساعد شابًا أو شابين لكي يتزوجا. هذه طريقة سهلة للمساعدة. شكرًا جزيلًا على هذه الفكرة الجيدة.

ترك هذا الرجل جمال الدين وذهب سعيدًا بفكرته. جمال الدين سعيد أيضًا بسبب مساعدته ذلك الشخص.

****

في اليوم التالي مشى في شارع آخر. قابل شخصًا حزينًا آخر. قال لنفسه: ربما يكون هذا الشخص حزينًا لنفس سبب حزن الشخص الذي قابلتُه أمسِ. سوف أحاول مساعدته. ذهب إليه وسأله عن سبب حزنه. قال له:

• أنا رجل أعطاني الله نقودًا كثيرة. أريد أن أساعد إخواني الفقراء، ولكني لا أجد فقيرًا واحدًا. ولذلك تراني حزينًا.

- يمكنك مساعدة الشباب لكي يتزوجوا.

- كان هناك شابان يريدان الزواج حتى أمسِ، ولكن رجلًا غنيًا آخر فكر في نفس الفكرة قبلي وأعطاهما نقودًا. هو أصبح سعيدًا وأنا أصبحت حزينًا.

- لا مشكلة. لا تحزن. عندي فكرة أخرى. ابنِ بيوتًا للشباب. في بعض البلاد يعيش الفقراء دون بيوت ودون ملابس وأحيانًا دون طعام. بعضهم ينامون تحت السيارات أو داخل صناديق القُمامة. بعضهم يبحثون عن الطعام في صناديق القُمامة. هذا ليس جيدًا للصحة. هم مساكين جدًا. الحياة في تلك البلاد ليست سهلة.

- ماذا تقول؟ هل أنت مجنون؟ كيف يعيش رجل وزوجته وأولادهما في الشارع؟ هذا مستحيل. الجو في الصيف حار وفي الشتاء بارد. ماذا يفعلون عندما تُمطر؟ لماذا لا يساعد الأغنياء الفقراء في تلك البلاد؟

- قال لي أحدهم إنَّ الأغنياء يريدون نقودًا فوق نقودهم، ويريدون أن يصبح الآخرون فقراء.

- هذا حرام. هؤلاء لا يخافون الله. نحن لسنا كذلك والحمد لله. كل الناس هنا يعيشون في بيوت والحمد لله. لا أحد يعيش في الشارع. وهذه هي مشكلتي.

- لا، ليست مشكلة. يمكنك بناء مستشفى للمرضى الفقراء بدون نقود. يمكنك أيضًا إعطاؤهم الدواء بنصف ثمنه فقط أو بدون نقود.

• لا، الناس هنا بصحة جيدة وهناك مستشفيات كثيرة جدًا في المدينة. أحيانًا يأتي الناس إليها من خارج مدينتنا. بعض المستشفيات أغلقت أبوابها لأنه ليس هناك مرضى. ماذا أفعل الآن؟

- عندي فكرة أخرى. ابنِ مسجدًا لله. سوف يحبك الله والناس الذين يصلون فيه.

• هذه فكرة جيدة. أنت تفكر جيدًا. سوف أشتري قطعة أرض ثم أطلب من شباب المدينة المساعدة في بنائه. هم يحبون الخير وسوف يصبحون سعداء عندما يبنون المسجد معي.

شكر هذا الرجل جمال الدين ثم تركه وذهب بعد أن أصبح سعيدًا. جمال الدين أصبح سعيدًا أيضًا لأنه أعطى ذلك الرجل فكرة جيدة. رجع إلى بيته ونام حتى الصباح.

****

في اليوم التالي مشى في الشوارع مثل اليوم الذي قبله. قابل امرأة حزينة. سأل نفسه: ما هي مشكلة هذه المرأة المسكينة؟ هل سرقها لص؟ هل تخاف من شيء؟ هل تركها زوجها؟ هل تبحث عن عمل؟ هل تبحث عن طعام لأولادها الجائعين؟ هل تريد شراء دواء لأولادها المرضى؟ سألها عن مشكلتها. قالت له:

- عندي قطعة أرض كبيرة جدًا، وعندي كل سنة طعام كثير من تلك الأرض. لا أجد من يأكل طعامي. من فضلك فكر معي في فكرة جيدة.

- ربما يكون طعامك غاليًا يا أختي ولا يستطيع الناس دفع ثمنه؟ لماذا لا تبيعينه بنصف ثمنه فقط؟

- لا، لا. أنت لا تفهمني. لا أريد بيعه، بل أريد إعطاءه الفقراء دون نقود.

- يمكنك فعل ذلك. ما هي المشكلة؟

- هناك مشكلتان وليس مشكلة واحدة فقط. أولًا: ليس هناك فقراء. ثانيًا: الطعام كثير جدًا. أهل المدينة كلهم لا يستطيعون أكله. لا أدري ماذا أفعل. هل أتركه في الأرض حتى السنة القادمة؟ هل أرميه في البحر؟

- لا طبعًا. لا تتركيه في الأرض ولا ترمي شيئًا منه في البحر. هذا حرام يا أختي. لماذا لا ترسلين هذا الطعام إلى الفقراء في بلاد أخرى؟ هناك فقراء كثيرون خارج هذه المدينة لا يجدون طعامًا. أحيانًا يسرقون لكي يدخلوا السجن لأنهم يجدون الطعام داخل السجن فقط ولا يجدونه خارجه.

- ما هذا الكلام العجيب الذي أسمعه؟ هل أنت مجنون؟ يسرقون لكي يدخلوا السجن؟ هذا مستحيل. لا أحد يريد أن يعيش في السجن. كل الناس يخافون من دخول السجن. لماذا لا يساعد الأغنياء في تلك البلاد الفقراء؟

- لأن الأغنياء يريدون إرسال الفقراء إلى الحرب. يَقتلون ويموتون ويصبح الأغنياء سعداء.

- هؤلاء ليسوا ناسًا. هؤلاء كالشياطين. الحمد لله أنَّ أهل بلدي ليسوا كذلك. كيف أساعد الفقراء في تلك البلاد؟ وهل تعرف بلدًا فيه فقراء؟

- طبعًا. في بلدي فقراء كثيرون.

- لماذا هم فقراء؟ هل بلدك فقير أم هم لا يعملون؟

- بلدي ليس فقيرًا، بل غني جدًا، ولكنه ضعيف. أتى المغول الجدد لكي يسرِقوا ذهب بلدي الأسود. هناك حرب الآن في بلدي. تلك

١٠٢

الحرب دمرت البيوت والمصانع والمدارس والمستشفيات. لذلك ليس من السهل أن نعمل. نحن مساكين.

- سوف أرسل كثيرًا من الطعام إلى بلدك. سوف أفعل ذلك كل سنة، إن شاء الله. عندما يسمع أصحاب الأرض الآخرون ذلك لن يرموا طعامهم في البحر، بل سوف يرسلونه إلى البلاد الفقيرة ولن يصبحوا حزانى.

شكرت المرأة جمال الدين وذهبت، وهو أيضًا شكرها وذهب.

****

فكر جمال الدين في المشكلة القادمة. الحزن في هذه المدينة العجيبة من نوع مختلف. هل يقابل رجلًا حزينًا آخر أمِ امرأة حزينة أخرى؟ لا. في اليوم التالي قابل رجلًا سعيدًا. هذا أول شخص سعيد يقابله حتى الآن. ولكن ما هذا؟ ملابسه قديمة جدًا. مسكين. تذكر جمال الدين الملابس القديمة التي كان يلبسها عندما رجع من الموت. مشَى وراءه قليلًا. هذا رجل عجيب! يفتح باب كل دكان في طريقه ويدخل، ثم يخرج ويغلقه بدون شراء أي شيء. هل هو لص يحاول سرقة دكان، أم رجل فقير ليس عنده نقود ولذلك لا يستطيع شراء أي شيء؟ ينظر أمامه ووراءه طَوالَ الوقت. هل يبحث عن شيء؟ جلس قليلًا على كرسي في الشارع.

ـال الـدين بجانبـه. وجـد بعـض القُمامـة علـى الأرض. أخـذها
ـي صُنـدوق القمامـة. هل هـو عامـل قمامـة؟ جمال الدين قـال
لنفسه: لن أتركَه. سوف أمشي وراءه في كل مكان لكي أدريَ ماذا يريد.
ركب الرجل حِصانه ومشى قليلًا. وجـد أمامـه بعـض الأطفال. نزل من
على حِصانه. خاف جمال الدين ولكن الأطفال لا يخافون. يلعبون معه
ويقفزون فوقه ويركبون حِصـانه. كل الأطفـال يعرفونه جيدًا ويحبونه
جدًا، وهو أيضًا يحبهم كأولاده. بعد قليل ترك الأطفال وذهب. فكر
جمال الدين في إعطائه بعض النقود. وفعلًا ذهب إليه وحاول إعطاءه
بعض النقود، ولكن الرجل يغضب ولا يريد أخذ أي نقود. سأله:

- نقود من هذه؟

- نقودي طبعًا.

- ولماذا تعطيني نقودك؟

- لكي تشتريَ ملابس جديدة.

- لا أريـد ملابـس جديـدة. ملابسـي جيـدة. ربمـا تكـون قديمـة قليلًا،
  ولكنها نظيفة.

جمال الدين لا يدري ماذا يقول. فهم الرجل ذلك. قال له:

- أنا غني وعندي نقود كثيرة. من أنت؟ من أين أتيت؟ ما اسمك؟

- اسمي جمال الدين وأتيت من بلدي بسبب الحرب.
- أنت جمال الدين صاحب القصص العجيبة؟
- نعم.
- أهلًا وسهلًا بك في بلدك الثاني. أنا سمعت عن الحرب في بلدك. أنا حزين جدًا بسبب ذلك. إن شاء الله سوف يخرج المغول الجدد من بلدك قريبًا. أهل بلدك لن يتركوهم طويلًا. يمكنك قضاء بعض الوقت معنا حتى ذلك الوقت. سوف يصبح أهل مدينتنا سعداء عندما يسمعون أنَّك هنا. هم يحبونك جدًا.
- شكرًا جزيلًا. أنا أريد قضاء بعض الوقت هنا، وسوف أرجع إلى بلدي قريبًا، إن شاء الله. ولكن حتى ذلك الوقت يجب علي البحث عن عمل. هل يمكنك مساعدتي؟ الناس الآخرون حزانى لأسباب مختلفة. لذلك لا أستطيع طلب المساعدة منهم. أنت مختلف. أنت أول رجل سعيد أقابله في هذه المدينة حتى الآن.
- الحمد لله أني سعيد لأني بصحة جيدة، ولكني حزين في نفس الوقت.
- كيف تكون سعيدًا وحزينًا في الوقت نفسه؟

- أنا الآن كبير في السن وضعيف. العمل صعب. أحيانًا أعمل ليلًا ونهارًا. لا أحد في هذه المدينة يريد مساعدتي. لا أجد شخصًا واحدًا يريد أن يعمل مكاني. متى أجد مَن يساعدني؟

- كيف ذلك؟ أهل هذه المدينة يحبون الخير. هم دائمًا يساعدون الآخرين. أين الشباب؟ أين الرجال؟ أين النساء؟ ماذا تعمل؟

- أنا حاكم هذه المدينة **الفاضلة**!!!

معاني الكلمات

English	Français	Español	Deutsch	
yesterday	hier	ayer	gestern	أمْسِ
throw	jeter	tirar	werfen	رمى (-)
alms	aumônes	limosnas	Almosen	زَكاة
box	boîte	caja	Schachtel	صُنْدوق، صَناديق
weak	faible	débil	schwach	ضعيف
utopia	utopie	utopia	Utopie	فاضل

رحلة إلى المدينة الفاضلة

التمرينات

أولًا: اِملأ الفراغ بالمصدر المناسب. لاحظ (الـ) (قواعد سهلويه ملحق ١٨، ١٩ ص٢٨٢، ٢٨٣):

١- ترك جمال الدين بلده لأنه لا يستطيع ----- فعل أي شيء الآن.

٢- لا يريد ----- طلب المساعدة من الناس لأنهم حزانى.

٣- المرأة لا تستطيع بيع طعامها. لا أحد يريد ----- شراءه.

٤- الرجل الغني يمكنه ----- بناء مستشفى جديد للمرضى الفقراء.

٥- جمال الدين غاضب جدًا. لا يستطيع النوم بسبب ----- الغضب.

٦- يجب على الغني ----- إعطاء الفقير بعض النقود.

٧- يعمل الشيطان ليلًا ونهارًا بدونِ ----- تعب

٨- أعطى جمال الدين الرجل بعض النقود، ولكنه لا يريد ----- أخذ أي شيء.

٩- الكثير من أهل المدينة الفاضلة حزانى، ولكنه ----- حزن من نوع مختلف.

١٠- هناك لص يحاول ----- سرقة الدكان.

ثانيًا: إضافة (ض) أم صفة وموصوف (ص)؟ (قواعد سهلويه ص٢٤)

بعض الوقت	ض	شاب مسكين	ص	بلد ضعيف	ص
سؤال صعب	ص	سبب الحرب	ض	كل مكان	ض
المدينة الفاضلة	ص	أحد الأشخاص	ض	ماء قليل	ص
نفس الفكرة	ض	حاكم قوي	ص	مثل البيت	ض

ثالثًا: اِملأ الفراغ بالكلمة المناسبة من الكلمات الآتية (قواعد سهلويه ص١١٦):

لكي/ لكيلا   -   لأنَّ (+ ضمير)   -   (ب)سبب   -   (و)لذلك

١ـ جمال الدين حزين ــبسبب المشاكل التي رآها في بلده.

٢ـ لا يستطيع أهل بلده فعل أي شيء لأنهم ضعفاء.

٣ـ أتى جمال الدين من الماضي. لذلك لا يعرفونه جيدًا.

٤ـ من فضلك لا تقُل هذا الكلام لكيلا أغضب.

٥ـ لا يعرفونه جيدًا لأنهُ أتى من الماضي.

٦ـ أهل بلده ضعفاء، ولذلك لا يستطيعون فعل أي شيء.

٧ـ لا يساعد الأغنياء الفقراء لأنَّ الأغنياء يريدون إرسال الفقراء إلى الحرب.

٨ـ يريد أن يذهب إلى أي مكان ليس به حرب بسبب النقود.

٩ـ خرج من البيت لكي يبحث عن طعام.

١٠ـ هناك الكثير من الحروب بسبب الشياطين.

١١ـ ليس هناك مرضى. لذلك غلقت المستشفيات أبوابها.

١٢ـ لا يمكنه الإتيان بسبب مرضه.

١٣ـ أعطى الرجل فكرة، ولذلك أصبح سعيدًا.

١٤ـ أتى المغول الجدد لكي يسرقوا الذهب الأسود.

١٥ـ سأل الرجل عن سبب حزنه.

١٦ـ لا يساعد الأغنياء الفقراء لكي يذهبوا إلى الحرب.

١٧ـ أغلقت المستشفيات أبوابها لأنَّهُ ليس هناك مرضى. (قواعد سهلويه ص١٠٢)

١٨ـ يريد الأغنياء إرسال الفقراء إلى الحرب. لذلك لا يساعدونهم.

١٩ـ أصبح سعيدًا لأنهُ أعطى الرجل فكرة جيدة.

٢٠ـ بحث جمال الدين عن فندق لكي ينام.

رابعًا: اِملأ الفراغ بالفعل المناسب:

١- أراد جمال الدين أن ----- المغول الجدد في البحر.

أ- يقفز　　ب- يرمي　　ج- يضع　　د- ينتحر

٢- جمال الدين حزين بسبب المشاكل التي ----ها في بلده.

أ- نظر　　ب- انتظر　　ج- رأى　　د- حدث

٣- اشترى جمال الدين بعض الأشياء و----- النقود في الصندوق.

أ- وضع　　ب- أعطى　　ج- أخذ　　د- أرسل

٤- لا يستطيع أهل المدينة الفاضلة أن ----- الزكاة لأنه ليس هناك فقراء.

أ- يرموا　　ب- يدفعوا　　ج- يأخذوا　　د- يقضوا

٥- مشى جمال الدين في الشارع و----- شخصًا حزينًا.

أ- بحث　　ب- حدُث　　ج- تكلم　　د- قابل

٦- سوف ---- الرجل الغني مستشفىً جديدًا للفقراء من نقود الزكاة.

أ- يعمل　　ب- يصنع　　ج- يبني　　د- يضع

٧- سوف ---- صاحبة الأرض طعامها إلى الفقراء في بلاد أخرى.

أ- تعطي　　ب- ترمي　　ج- تصل　　د- ترسل

٨- حاكم المدينة الفاضلة أخذ القُمامة و-----ها في صُندوق القمامة.

أ- رمى　　ب- أرسل　　ج- وصل　　د- ترك

٩- أهل المدينة الفاضلة مختلفون عن الآخرين لأنهم لا ----- أحدًا.

أ- يكرهون　　ب- يحبون　　ج- يعطون　　د- يساعدون

١٠- عندما رأى جمال الدين الرجل الذي يلبَس ملابس قديمة ----- ملابسه القديمة عندما رجع إلى الحياة.

أ- نسي　　ب- تذكر　　ج- وجد　　د- لبس

خامسًا: اِملأ الفراغ بالكلمة المناسبة:

١- الحزن في المدينة الفاضلة من ـــــ نوع ـــ مختلف.

أ- سبب   ب- حزين   ج- نوع   د- طريقة

٢- النقود التي يدفعها المسلم الغني للفقير اسمها ـــ الزكاة

أ- الصلاة   ب- الزكاة   ج- الأجرة   د- الثمن

٣- يرمي الناس القُمامة في ـــــ صندوق القُمامة.

أ- صُندوق   ب- حقيبة   ج- بيت   د- دكان

٤- عمَل حاكم المدينة الفاضلة صعب لأنه ـــــ ضعيف.

أ- قوي   ب- متعَب   ج- مريض   د- ضعيف

٥- أهل المدينة الفاضلة يعيشون بدون ـــــ حرب.

أ- سلام   ب- حرية   ج- حرب   د- مستقبل

٦- المغول الجدد يحبون شُرب ـــــ دم الآخرين.

أ- ماء   ب- عصير   ج- دم   د- شاي

٧- كثير من الأطفال مرضى، ولكنهم لا يجدون ـــــ الدواء

أ- الهدايا   ب- الأغاني   ج- السم   د- الدواء

٨- كل الناس في المدينة الفاضلة أُمَناء. لا ـــــ لص هناكَ.

أ- لص   ب- خوف   ج- حرب   د- حزن

٩- أراد الرجل أن يعطي جمال الدين ـــــ هدية لأنه أعطاه فكرة جيدة.

أ- ثمنًا   ب- هدية   ج- أجرة   د- تذكرة

١٠- حاكم المدينة الفاضلة متعَب لأنه يعمل ـــــ طوال اليوم.

أ- دائمًا   ب- كثيرًا   ج- جدًا   د- طوال

حلول التمرينات

القصة الأولى
رحلة إلى الحياة الأخرى

أولًا: ١- الزواج ٢- السفر ٣- شراء ٤- مساعدت ٥- الذَهاب ٦- شراء ٧- النوم ٨- الأكل والشرب ٩- العمل ١٠- الموت

ثانيًا:

إضافة	صفة وموصوف
قبل الزواج، زوجك، فوق المبنى، تحت الأرض، بعد الموت، مصنعها، نقودي	طريقة سهلة، شابة فقيرة، زوج غني، وقت قصير، تفكير طويل

ثالثًا: ١- لكي ٢- لأنه ٣- ولذلك ٤- بسبب ٥- لأنه ٦- لذلك ٧- لكي ٨- بسبب ٩- ولذلك ١٠- لكي ١١- بسبب ١٢- لأنه ١٣- لكي ١٤- لذلك ١٥- سبب ١٦- لأن ١٧- لأنه/ لكيلا ١٨- سبب ١٩- لأنه ٢٠- سبب **رابعًا:** ١- أقتل ٢- دفع ٣- يعطي ٤- طلب ٥- حكى ٦- ترك ٧- أدفع ٨- أحضر ٩- يعطي ١٠- يحصل **خامسًا:** ١- مبنى ٢- فقير ٣- داخل ٤- هواء ٥- صحة ٦- وراء ٧- صوت ٨- طريقة ٩- أي ١٠- الشاطئ **سادسًا:** ١- على ٢- من ٣- لِـ ، عن ٤- --- ٥- على ٦- عن، كـ ٧- --- ٨- من ٩- لِـ ١٠- كـ

القصة الثانية
رحلة إلى الجنة

أولًا: ١- ركوب ٢- دخول ٣- النزول ٤- انتظار ٥- الوصول ٦- تفكير ٧- خوف ٨- إرسال ٩- كتابة ١٠- قراءة

ثانيًا:

إضافة	صفة وموصوف
قبل السفر، بعد الزيارة، فوق ذلك، تحت السرير، صديقه، حقيبتها، فكرتكم	شكرًا جزيلًا، الشخص المريض، الرجل الأمين، الأسرة الجديدة، قصة لطيفة

ثالثًا: ١- بسبب ٢- لذلك ٣- لأن ٤- لكي ٥- ولذلك ٦- لكي ٧- لذلك ٨- بسبب ٩- لأن ١٠- بسبب ١١- لكيلا/ لأنها ١٢- لأنهم ١٣- ولذلك ١٤- بسبب ١٥- لكي ١٦- لذلك ١٧- لأنه ١٨- بسبب ١٩- لكي ٢٠- لأنه **رابعًا:** ١- يبني ٢- نسيت ٣- حاول ٤- كتب ٥- تذكر ٦- قضى ٧- علم ٨- ينسى ٩- يدفع ١٠- انتظر **خامسًا:** ١- أمين ٢- قرية ٣- ثمن ٤- حرام ٥- شديدة ٦- طَوال ٧- نوعًا ٨- حتى ٩- لصًا ١٠- الجنة **سادسًا:** ١- بِـ ، إلى ٢- إلى ٣- في ٤- بِـ ٥- بِـ ٦- كـ ٧- لِـ ٨- عن ٩- من ١٠- كـ

القصة الثالثة
رحلة إلى المستقبل

أولًا: ١- فهم ٢- الانتظار/ البقاء ٣- قضاء ٤- الرجوع ٥- زيارة ٦- مشاهدة/ زيارة/ رؤية ٧- بحث ٨- الحصول ٩- ترك ١٠- رؤية

ثانيًا:

إضافة	صفة وموصوف
وراء الدكان، عند صديق، خارج المستشفى، مع الناس، أمام المسجد، داخل السجن، كرسيه	المغول الجدد، الذهب الأسود، غضب شديد، طفل جائع، فكرة مستحيلة

ثالثًا: ١- لكيلا ٢- لذلك ٣- لأنهم ٤- ولذلك ٥- بسبب ٦- ولذلك ٧- لأنه ٨- ولذلك ٩- لأنهم ١٠- لكي ١١- بسبب ١٢- لكيلا ١٣- بسبب ١٤- لكي ١٥- بسبب ١٦- لأنه ١٧- لذلك ١٨- لكي ١٩- بسبب ٢٠- لأنه **رابعًا:** ١- طبخت ٢- دمروا ٣- يصلوا ٤- تترك ٥- ينتظر ٦- يضعون ٧- تكره ٨- يقضون ٩- يكرهون ١٠- نحب **خامسًا:** ١- السجن ٢- الدم ٣- غالٍ ٤- الحرية ٥- طريقة ٦- الدواء ٧- محظوظون ٨- نوع ٩- السماء ١٠- مصانع

القصة الرابعة
رحلة إلى المدينة الفاضلة

أولًا: ١- فعل ٢- طلب ٣- شراء ٤- بناء ٥- الغضب ٦- إعطاء ٧- تعب ٨- أخذ ٩- حزن ١٠- سرقة/ دخول

ثانيًا:

إضافة	صفة وموصوف
بعض الوقت، نفس الفكرة، سبب الحرب، أحد الأشخاص، كل مكان، مثل البيت	سؤال صعب، المدينة الفاضلة، شاب مسكين، حاكم قوي، بلد ضعيف، ماء قليل

ثالثًا: ١- بسبب ٢- لأنهم ٣- لذلك ٤- لكيلا ٥- لأنه ٦- ولذلك ٧- لأن ٨- بسبب ٩- لكي ١٠- بسبب ١١- لذلك ١٢- بسبب ١٣- ولذلك ١٤- لكي ١٥- سبب ١٦- لكي ١٧- لأنه ١٨- لذلك ١٩- لأنه ٢٠- لكي **رابعًا:** ١- يرمي ٢- رآها ٣- وضع ٤- يدفعوا ٥- قابل ٦- يبني ٧- ترسل ٨- رمى ٩- يكرهون ١٠- تذكر **خامسًا:** ١- نوع ٢- الزكاة ٣- صندوق ٤- ضعيف ٥- حرب ٦- دم ٧- الدواء ٨- لص ٩- هدية ١٠- طَوال

، كُتب سَهْلَوَيْهِ

Sahlawayhi Stories level 1 beginners https://www.createspace.com/3387113	قصص سَهْلَوَيْهِ المستوى ١ للمبتدئين الثمن ١٥ دولارًا أمريكيًا
Sahlawayhi Stories level 2 beginners https://www.createspace.com/3389737	قصص سَهْلَوَيْهِ المستوى ٢ للمبتدئين الثمن ١٥ دولارًا أمريكيًا
Sahlawayhi Stories level 3 beginners https://www.createspace.com/3389739	قصص سَهْلَوَيْهِ المستوى ٣ للمبتدئين الثمن ١٥ دولارًا أمريكيًا
Sahlawayhi Stories level 4 intermediate https://www.createspace.com/3707924	قصص سَهْلَوَيْهِ المستوى ٤ للمتوسطين الثمن ١٥ دولارًا أمريكيًا
Sahlawayhi Stories level 5 intermediate https://www.createspace.com/	قصص سَهْلَوَيْهِ المستوى ٥ للمتوسطين الثمن ١٥ دولارًا أمريكيًا قريبًا إن شاء الله
Sahlawayhi Stories level 6 intermediate https://www.createspace.com/	قصص سَهْلَوَيْهِ المستوى ٦ للمتوسطين الثمن ١٥ دولارًا أمريكيًا قريبًا إن شاء الله
Sahlawayhi Stories Set 1 beginners (first 3 levels in one book) https://www.createspace.com/3403135	سَهْلَوَيْهِ المجموعة الأولى للمبتدئين (المستويات الثلاثة الأولى في كتاب واحد) الثمن ٣٠ دولارًا أمريكيًا
Sahlawayhi's Arabic Grammar for Foreigners Part I - Structure https://www.createspace.com/3454146	سَهْلَوَيْهِ في قواعد العربية للأجانب الجزء الأول ـ: التراكيب الثمن ١٥ دولارًا أمريكيًا
Sahlawayhi's Arabic Grammar for Foreigners Part II – Functions & Meaning https://www.createspace.com/3454149	سَهْلَوَيْهِ في قواعد العربية للأجانب الجزء الثاني – الوظائف والمعاني الثمن ١٥ دولارًا أمريكيًا
Sahlawayhi's Arabic Grammar for Foreigners Part III – Derivation & Case https://www.createspace.com/3454153	سَهْلَوَيْهِ في قواعد العربية للأجانب الجزء الثالث – الاشتقاق والإعراب الثمن ١٥ دولارًا أمريكيًا
Sahlawayhi's Arabic Grammar for Foreigners All Parts https://www.createspace.com/3428829	سَهْلَوَيْهِ في قواعد العربية للأجانب الأجزاء الثلاثة الثمن ٣٠ دولارًا أمريكيًا

All books at amazon.co.uk, amazon.de, amazon.es, amazon.fr, amazon.it